儒家

孔子学堂

安身立命大智慧

欧阳彦之◎著

台海出版社

图书在版编目(CIP)数据

安身立命大智慧 / 欧阳彦之著.--北京:台海出版社,
2015.3

(孔子学堂)

ISBN 978-7-5168-0601-2

Ⅰ.①安… Ⅱ.①欧… Ⅲ.①儒家②《论语》-通俗
读物 Ⅳ.①B222.2-49

中国版本图书馆 CIP 数据核字 (2015) 第 062481 号

安身立命大智慧(孔子学堂)

著　　者:欧阳彦之

责任编辑:姜　航
装帧设计:张红伟　　　　　版式设计:通联图文
责任校对:唐思磊　　　　　责任印制:蔡　旭

出版发行:台海出版社
地　　址:北京市朝阳区劲松南路 1 号　邮政编码:100021
电　　话:010-64041652(发行,邮购)
传　　真:010-84045799(总编室)
网　　址:www.taimeng.org.cn/thcbs/default.htm
E-mail:thcbs@126.com

经　　销:全国各地新华书店
印　　刷:北京柯蓝博泰印务有限公司
本书如有破损、缺页、装订错误,请与本社联系调换

开　本:710mm×1000 mm　　　　1/16
字　数:200 千字　　　　　　　印　张:15.5
版　次:2015 年 5 月第 1 版　　印　次:2015 年 5 月第 1 次印刷
书　号:ISBN 978-7-5168-0601-2

定　价:35.00元

孔子，我国古代伟大的思想家和教育家，儒家学派创始人，世界最著名的文化名人之一。他一生从事传道、授业、解惑，被人们尊称为"至圣先师，万世师表"，他的智慧震古烁今，光照千秋。

孔子修《诗》、《书》，定《礼》、《乐》，序《周易》，作《春秋》，为我国古代文化的发展作出了伟大贡献。他的思想被历代人们奉为圭臬，成为经典，是真正傲视百代的大智慧。

"君子"是孔子心目中理想的为人处事标准，直到今天，人们还常常将它作为做人的标准。但是，"君子"到底有什么标准呢？

孔子认为，君子的力量始于一个人的人格和其内在思想，君子要有"仁义"的博大胸怀，因为一个人只有做到内心仁厚宽和，才可以做到不计较个人的小得失。而一个真君子若能做到内心"仁"、"智"、"勇"，也就没有"忧患"、"疑惑"和"恐惧"了。

孔子认为，君子的做人标准是要做到不苛责外在的世界，把有限的人生精力用在反省自我，苛责自己的内心上。一个人的内心对自己要求多一些，对身边的人就会厚道一些。

孔子认为，君子要有悲天悯人之心，包容和怜悯别人的过错，要设身处地地站在别人的立场上看问题，所以，孔子曰："不怨天，不尤人。"

孔子曰："矜而不争,群而不党。"意思是君子是合群的,内心是庄重的,尊严是不可侵犯的,决不拉帮结派,谋取私利。

孔子还指出,君子的学习是为了提高自己的素质,提升自己的内在修养,不是为了炫耀于人,取悦于人,

……

修身、齐家、治国、平天下,这是孔子的人生四部曲,也是君子思想的精华总结。"君子"一词的内涵是朴素的、温馨的、和谐的,也是我们每个人当下要学、要做的。目标和理想既是高远的,也是遥不可及的,只有把目标和理想存在心里,通过不断学习知识,不断提升自己的素质和人生道德修养,才能体现出一个人的道德观、人生观、价值观和世界观。从这个意义上说,我们每个人都有可能成为君子。

在职场中,我们需要和各种人打交道,需要处理责任、言行、人脉、学习等问题,以便能够修身正己,从而更加游刃有余地畅游在职场里。孔子的智慧不仅适合日常生活的为人处世,也能让人们修养心性,为自己打造稳定的职业平台,为未来的发展铺开更广阔的道路。

本书针对孔子中庸、修身、齐家、孝悌、仁爱等思想,借助于古今之生动实例,准确严谨地予以分析解读,给读者以思考的空间、心灵的共鸣。

目录

第 一 章

认识自己,怀圣人心,做平常事

1.素位而行,安分守己

君子素其位而行,不愿乎其外。

——《礼记·中庸》

孔子说:"君子素其位而行,不愿乎其外。"意思是说,君子安于现在所处的地位去做应做的事,不生非分之想。

素位而行,近于《大学》里面所说的"知其所止",换句话说,叫做安守本分,其实也就是人们常说的安分守己。这种安分守己是对现状的积极

1

适应、处置，是什么角色，就做好什么事。要量力而行，不可好高骛远，否则，"这山望着那山高"，到最后只能捡了芝麻丢了西瓜，甚至可能连芝麻也丢了。

人能守本分，才能尽本事。但是很多人只是想展现自己的本事，希望得到更多人的羡慕和称赞，以满足自己的虚荣心，却不愿守住本分，最终导致人生走向脱序违规。

一位年轻人靠卖鱼维持生计。有一天，他一面吆喝，一面环视四周，注意看是否有人来买鱼。突然，一只老鹰从空中俯冲而下，从他的鱼摊上叼了一条鱼后立刻转身飞向空中。卖鱼郎生气地大喊大叫，可是，老鹰丝毫不把他放在眼里，最后，他只能无奈地看着那只老鹰越飞越高，越飞越远。

卖鱼郎气愤地自言自语："可惜我没有翅膀，不能飞上天空，否则一定不放过你！"那天他回家时，经过一座地藏庙，他跪在地藏庙里，祈求地藏王菩萨让他变成老鹰，能展翅于天空。此后，他每天经过地藏庙的时候，都会进去虔诚地祈祷一番。

一群年轻人看到他天天向菩萨祈求，就很好奇地议论了起来，其中一人说："这位卖鱼的人，每天都希望能变成一只老鹰，可以飞上天空。"另一人说："哎哟，他光傻傻地祈求，要求到何时？不如我们戏弄戏弄他！"大家交头接耳，如此这般，想出了一招妙计。

第二天，其中一位年轻人先躲在地藏王菩萨像的后面。卖鱼郎如期而至，照样虔诚地祈求、礼拜。这时，躲在菩萨像后面的那位年轻人就说："你求得这么虔诚，我要满足你的愿望，你可以到村内找一棵最高的树，然后爬到树上往下跳试试看。"

卖鱼郎一听菩萨显灵了，异常兴奋，忙点头称是。他非常欣喜地跑进村里，找到了一棵最高的树，然后按照"地藏王菩萨"的指示爬到了树上。

那棵树实在太高了，他越往上爬，越觉得害怕，不过，为了像老鹰一样在空中自由地飞翔，他还是下定了决心要爬上去。

终于，他爬上了树顶，向下一看，他不由惊叹道："哇！这么高！我真的能飞吗？"那群年轻人站在大树底下，故意七嘴八舌地说："你们看，树上好像有一只大老鹰，不知道它会不会飞？""既然是老鹰，那是一定会飞的！"

卖鱼郎听了心里很高兴，他想：我果然变成了一只老鹰！既然是老鹰，哪里有不会飞的呢？于是，他展开双手，摆出展翅欲飞的姿势，纵身一跃，跳了下来。可是，他没有像想象的那样飞向广阔的蓝天，而是飞快地向地面坠落……最后，幸好落在水草之中，保住了一条性命。

那些年轻人跑过来，幸灾乐祸地取笑他。他说："你们笑什么？我是两只翅膀跌断了，不是飞不起来。"那些年轻人指着他，一个个笑得前仰后合地说不出话来。

一个人要守本分，才能尽本事，若只想逞能显本事，却没有守好自己的本分，自不量力去做超越自己能力的事，结果就会像这位卖鱼郎一样，自食恶果。

所以，不要去妄想什么，只问自己该做什么——这就是素位而行，安分守己。

2.人贵有自知之明

　　子谓子贡曰:"女与回也孰愈？"对曰:"赐也何敢望回？回也闻一以知十,赐也闻一以知二。"

——《论语·公冶长》

　　孔子问子贡:"你和颜回哪一个强？"子贡答道:"我怎么敢和颜回相比？他能够以一知十;我听到一件事,只能知道两件事。"

　　生活中,导致失败的原因,往往是当事者没有自知之明,既没有发现客观世界的奥秘,也没有发现主观世界的长短。归根结底,还是因为他们不了解自己,孔子的弟子——子贡对此有深切的感受。

　　自知,就是要知道自己、了解自己。"人贵有自知之明",把人的自知称为"贵",可见人是多么不容易自知;把自知称之为"明",又可见自知是一个人智慧的体现。人之不自知,正如"目不见睫"——人的眼睛可以看见百步以外的东西,却看不见自己的睫毛。

　　很多人都是自以为自知,只有少数人拥有真正自知的智慧。人生如秤:对自己的评价秤轻了容易自卑,进而自轻自贱,多萎靡,少进取,总以为自不如人,自惭形秽,于是经常处于无限的悲苦之中;秤重了又容易自大,觉得自己高人一等,办事忽左忽右,不知轻重,如此,容易造成不必要的尴尬和悲剧;只有秤准了,才能实事求是、恰如其分地感知自我,完善自我,做到有自知之明。

　　《战国策·齐策》中的邹忌就很有自知之明,没有被旁人的吹捧冲昏

头脑，他说："妾之美我者，畏我也；客之美我者，欲有求于我也。"这里，他把吹捧者的内心揭露无余，因此不会被"妾"和"客"所欺骗。

《太平广记》中记载了这样一则故事：一监察御史文笔不行，却爱好写文章，别人奉承他两句，他就拿出一部分钱财请客。监察御史的夫人劝他说："你并不擅长文笔，一定是那些同事在拿你寻开心。"监察御史想了想，好像确实是这么回事，此后，不管别人怎么说，都再也不肯出钱请客了。

人贵有自知之明，可怕的自我陶醉比公开的挑战更危险。自以为是者不足，自以为明者不明。要先做到自明，然后才能明人。

想要真正了解自我，就必须换一个角度看自己。

首先，要"察己"。客观地审视自己，跳出自我，观照自身，如同照镜子，不但要看正面，也要看反面；不但要看到自身的亮点，更要觉察自身的瑕疵。包括对自己的学识能力、人格品质等进行自我评判，切忌孤芳自赏、妄自尊大。

其次，要不断完善自我，有则改之，无则加勉。只有真正了解自己的长处和短处，避己所短，扬己所长，才能对自己的人生坐标进行准确定位。当你认识到自己的不足之时，也就是进步的开始。

古人云："吾日三省吾身。"自知之明正来自这不断的自省，因为自省才能自制自律，自律才能自尊自重，自重才能自信自立。自尊为气节，自知为智慧，自制为修养。人具备了自知之明的胸臆和襟怀，其人格必顶天立地，其行为必不卑不亢，其品德必上下称道，其事业必左右逢源。

自知之明与自知不明一字之差，两种结果。自知不明的人往往昏昏然，飘飘然，忘乎所以，看不到问题，摆不正位置，找不准人生的支点，驾驭不好命运之舟。自知之明关键在"明"字，对自己明察秋毫、了如指掌，遇事才能审时度势,善于趋利避害,很少有挫折感,其预期值就会更高,人生道路也会更顺畅。同时,自知不明也受到私欲和心境的影响与干扰。在人际交往中,如果不能正确对待自己,缺乏自律意识,就很容易受权、钱、色、欲的诱惑和腐蚀,沉湎其中而不能自拔,以至酿出许多人生的苦果。

从另一层面上讲,自知无知才求知,自知无畏才拼搏。好说己长便是短,自知己短才是长。自知度越高,求知欲越强,学然后知不足,知然后更求知。掌握的东西越多,越感到自己学识的短浅。因此,自知之明是求知的不竭动力,求知是自知之明的升华。自知之明通过求知改变自己的无知无识,也是使自己达到自尊自重、自律自信,进而自立自强自如人生境界的基础。

3.自满者,人损之;自谦者,人益之

> 子曰:"如有周公之才之美,使骄且吝,其余不足观也已。"
>
> ——《论语·泰伯》

孔子说:"一个人即使有周公那样美好的才能,如果骄傲自大而又吝啬小气,那其他方面也就不值得一看了。"

《尚书·大禹谟》中有云:"满招损,谦受益!"这句话的大概意思是:自己满足已取得的成绩,就会招来损失和灾害;谦逊并时时感到自己的不足,就能因此而得益。这和毛主席所说的"谦虚使人进步,骄傲使人落后"是一个道理。

为什么会这样呢?因为"器虚则受,实则不受"。就是说,一个容器只有里面是空的,才能装下新的东西,满了自然是装不下的。一个人也是,只有谦虚才能不断地接受新思想新知识,从而不断进步,骄傲自满只能停步不前。

大鹏翱翔于九霄之上仍然奋翅,而蟾蛙坐于井底望着头顶上的一方天空却沾沾自喜。

千百年来,许许多多的人因为明白了"满招损,谦受益"的深刻含义并身体力行而逢凶化吉,成就大业;也有为数不少的人因为没有理解和践行"满招损,谦受益"而功败垂成,功亏一篑。

马谡乃是三国时期蜀国重将,深受诸葛亮器重。公元228年,诸葛亮率军十万北伐曹魏,乃命马谡为先锋,镇守街亭,再三嘱咐:"街亭虽小,关系重大,它是通往汉中的咽喉。如果失掉街亭,我军必败。"并具体指示让他靠山近水安营扎寨,谨慎小心。

马谡到达街亭后,不按诸葛亮的指令依山傍水部署兵力,而是带着大军部署在远离水源的街亭山上。当时,副将王平提出:"街亭一无水源,二无粮道,若魏军围困街亭,切断水源,断绝粮道,蜀军则不战自溃。请主将遵令履法,依山傍水,巧布精兵。"

马谡不但不听劝阻,反而自信地说:"马谡通晓兵法,世人皆知,连丞相有时都得请教于我,而你王平手不能书,知何兵法?"接着又洋洋自得地说:"居高临下,势如破竹,置死地而后生,这是兵家常识。我将大军布于山上,使之绝无反顾,这正是致胜之秘诀。"

王平再次谏阻:"如此布兵危险。"马谡见王平不服,便火冒三丈说:"丞相委任我为主将,大军指挥我负全责。如若兵败,我甘愿革职斩首,绝不怨怒于你。"

结果，魏将张郃探得蜀军虚实后，立即挥兵切断水源，掐断粮道，将马谡部围困于山上，然后纵火烧山。蜀军饥渴难忍，军心涣散，不战自乱。张郃命令乘势进攻，蜀军大败。

一个人骄傲自满，就会妄自尊大、自以为是，听不进别人的逆耳忠言，看不到自己的缺点和不足，于是，不仅缺点越来越严重，就连优势也会一点一滴地损失殆尽，最终在残酷的竞争中沦为失败者。就像马谡那样，最后不但赔上了自己性命，也使得蜀军大败，失去了街亭这个战略要地，最终让蜀汉北伐大业尽化乌有。

而与之相反的，一个谦逊虚心的人，能够听取别人的不同意见，集思广益，懂得天外有天、山外有山，能看到别人的长处，发现自己的不足，从而取长补短，不断丰富和充实自己，如此，最终必将迈向成功。

孙叔敖做了楚国的宰相，一国的官吏和百姓都来祝贺，却有一老者，穿着粗布衣，戴着白色帽子，来到孙府。他不是来祝贺，而是来吊丧的。

孙叔敖并没有怪罪他，反而正好衣帽，非常礼貌地出去见他。他对老人说："楚王不了解我没有才能，才让我担任宰相这样的高官，人们都来祝贺，只有您来吊丧，莫不是有什么话要指教？"

老人说："是有话说。当了大官，对人骄傲，百姓就要离开他；职位高，又大权独揽，国君就会厌恶他；俸禄优厚，却不满足，祸患就可能加到他身上。"

孙叔敖向老人拜了两拜，说："我诚恳地接受您的指教，还想听听您其余的意见。"

老人说："地位越高，态度就要越谦虚；官职越大，处事就要越小心谨慎；俸禄已很丰厚，就不应索取分外财物。您严格地遵守这三条，就能够把楚国治理好。"

孙叔敖听完老人的话之后，躬身拜谢。

孙叔敖因为谦恭待人，无意之中获得了三条宝贵意见。

唐朝名相魏征曾说："自满者，人损之；自谦者，人益之。"骄傲自大的人容易遭人嫉恨，所以别人会贬低他，损害他；谦虚的人，处处与人为善，与人相处让人如沐春风，因此，别人都会称赞他。

一日，孔子带领弟子到鲁桓公祠瞻仰时，看到了一个倾斜的器皿。孔子向守庙人问道："这是什么器皿？"守庙者答道："这是专放在座右的器具。"孔子说道："我听说这种座右的器皿，空着时就倾斜，盛水适中就端正，盛满了水便整个倒翻过来。"

孔子回头对学生们说："往里灌水！"学生们舀水灌了进去。果然，水适中时，器皿便端正地立了起来；全盛满时，它便整个倒翻过来；水流尽时，它又像开始那样倾斜着。孔子看了，叹息说道："唉！一切事物哪有满而不覆的道理呢？"

子路疑惑，进一步向夫子问道："要保持满而不覆的状态，有什么办法吗？"

孔子借题发挥，告诫他的学生说："只有做到智高而不显锋芒，居功而不自傲，勇武而保持以小心，富有而不夸显，谦虚谨慎，戒骄戒躁，才能保持长久而不致衰败。这是所说的谦抑再加谦抑的方法啊！"

谦逊也好，不居功以免妒忌也好，都是立身处世的艺术。尤其是在人际关系复杂的环境下，不锋芒毕露，不居功自傲，的确是非常高深的修养。

4.不要试图去赢得所有人的欣赏

子曰："不患人之不己知，患不知人也。"

——《论语·学而》

孔子说："不忧虑别人不了解自己，只忧虑自己不了解别人。"

别人不了解我，我还是我，于我自己并没有什么损失。无论你怎么为人处世，总是会有人欣赏或厌恶你，你不可能让所有的人都喜欢你，也不可能让所有的人都讨厌你。我们做任何事情，来自外界的评价都是有好有坏的。对于别人的批评，有则改之，无则加勉，但我们不能为了它而丧失了自己对事物的判断。

有人问孔子："听说某人住在某地，他的邻里乡亲全都很喜欢他，你觉得这个人怎么样？"

孔子答道："这样固然很难得，但是在我看来，如果能让所有有德操的人都喜欢他，让所有道德低下的人都讨厌他，那才是真正的君子呢。"

所以，不要试图去赢得所有人的欣赏，要按照自己的原则去做事情，道不同，不相为谋。

一次，一位年轻的画家在画完一幅自己十分满意的作品后，将其拿到展厅去展出。为了听取更多的意见，他特意在自己的画作旁边放了一支笔,请他人指正。如果有观赏者认为此画有败笔之处,可以直接用笔在上面标记出来。当天晚上,画家兴冲冲地去取画,却发现整个画面都被涂满了记号,没有一笔一画不被指责。见此,他的情绪十分失落,同时也对这次尝试深感失望。

他把自己的遭遇告诉了一位朋友,朋友建议他换一种方式试试,于是,他临摹了同样一张画去展出。但是这一次,他要求每位观赏者标注出自己最为欣赏的地方。结果,等到他再次去取画时,发现画面也被涂遍了记号,许多曾被指责的地方,如今都换上了赞美的标记。

他不无感慨地说:"现在我终于发现了一个奥秘:无论做什么事情,都不可能让所有人满意,因为,在一些人看来是瑕疵的东西,在另一些人眼里或许是美好的。"

在某些人眼里的缺点,在另一些人眼里可能就会变成优点。每个人对人对事对物的看法都是有差别的,客观的评价,说来容易,做起来却难;主观的看法见仁见智,不免偏激。

如果你希望和每一个人都搞好关系,最后你付出了很多时间去给别人帮忙,不欣赏你的人仍旧不欣赏你。若你能做到有几个很好的朋友,大部分人都很欣赏你,很少或基本上没有人讨厌你,那你的为人处世就算是成功的。

你做任何事情,来自外界的评价都是两方面的,所以不要只看到杯子有一半是空的,还应该看到它还有一半是满的。对于别人的批评,要虚心听取,但没有必要为此影响自己的心情。对于看不惯你的人,如果他发现了你的缺点,就要勇于改正;如果是误会,那就解释清楚;解释不清,便敬而远之;敬而远之尤不可得,便鄙而远之。你的时间有限,精力有限,用来潜心学习还不够,哪里有那么多工夫去向每一个对你有看法的人解释误会呢? 你的家人是爱你的,你也有那么几个互相欣赏、互相尊重的朋友,做人无愧于心,又没有违法乱纪,那就够了,剩下的时间和精力还是用来好好学习要紧。

把事情做好的方法有很多,但首要的一条就是:不要试图把所有的事情都做好;处理人际关系的准则也有很多,但最重要的一条是:不要试图让所有人都喜欢你,因为这不可能,也没必要。

5.接纳自己,善待自己

子曰:"子之燕居,申申如也,夭夭如也。"

——《论语·述而》

孔子说:"在家闲居的时候,仪态要舒展自如,神色要和乐喜悦。"

一肩挑尽古今愁、心怀天下的孔子在家闲居时却仪态舒展自如,神色和乐喜悦,过着无忧无虑的个人生活,完全不是我们所想象的那样一副愁眉苦脸、严肃庄重的样子。这是因为他虽然忧国忧民忧天下,却不忧个人生活,在个人生活上抱着以平淡为乐的旷达态度,所以始终能保持开阔的胸襟和舒展自如的心情。说到底,就是他很会调整自己的心态和精神。

人生最大的痛苦莫过于跟自己过不去,一个人生活的幸福与否,完全取决于他对待生活的态度。当你不能接纳生活、接纳自己时,你就会感觉生活是无边的苦海,人生是一场煎熬。

　　常言说的好，人生不如意十之八九，人生道路怎可能一帆风顺？面对不断袭来的压力，有些人选择直面困难，淡然自若，在嘈杂喧嚣的人世中寻找属于自己的那块净土；而有些人则满腹牢骚，仿佛对这样的生活充满了怨恨，即使生活中出现一些小惊喜，他也会视而不见，只一味地沉浸在自己编织的痛苦中。

　　可是，这样排斥生活只会让我们更痛苦，同时也让我们对自己越来越不满意，"为什么我处处不如别人？"这是很多人的心声。是啊，我们可能没有一个好出身，没有高学历，没有钱，没有漂亮的脸蛋，没有聪明的大脑，没有好工作，没有好运气，没有房子，没有对象……当我们不能接纳自己，只以权势、虚荣、占有来评价自己时，就会显得非常脆弱，非常容易被蒙蔽，进而迷失自己。

　　要知道，世界上的有钱人毕竟是少数，大部分人都家境平平。即便生活算不上困窘，也没有多余的钱财可供挥霍享受，但这并不意味着那些人的生活很糟糕，他们同样有追求幸福的权利。当你感到生活的贫乏时，要学会去探寻生活的艺术，学会思考，不要把思维局限在一个框框里，你会发现，生活其实很动人，只是自己被偏见蒙蔽了眼睛。

　　《庄子》里有一段故事：子祀和子舆是一对非常要好的朋友。有一天，子舆突发疾病，作为好朋友，子祀前去探望。两人见面交谈时，子舆站在镜子面前，调侃自己说："神奇的造物主啊！竟让我变成驼背！背上还生了五个疮，因为过于伛偻，我的面颊都快低伏到肚脐上了。两肩也高高地隆起，比头顶还高，你看，我的脖颈骨竟朝天突起！"

　　子舆是因为感染了阴阳不调的邪气，所以才变成上面他所说的那副怪模样。但他没有指天骂地，还颇为自得地一步步走到井边，从井里看自己现在的这副样子，又开自己的玩笑说："哎哟！伟大的造物主又要把我变成这滑稽的模样呢！"

子祀有些担心,就问:"你是不是很厌恶这种病?"

子舆说:"不,我不厌恶,我为什么要厌恶这种病?如果我的左臂变成一只鸡,那我便用它报晓;如果我的右臂变成弹弓,那我便用它去打斑鸠烤野味吃;如果我的尾椎骨变成车,那我的精神就变成马,这样,我想要四处遨游时,就无需另备马车了。得是时机,失是顺应,如果人能安于时机并能顺应变化,那无论是喜是悲都不能侵犯心神,这就是所谓的'解脱'。如果人不能自我解脱,就会被外物所奴役束缚。物不能胜天,这是事实,当我不能改变它时,我为什么不接纳它呢?"

这则故事真是道尽了生活的智慧。人必须接纳生活,"安于时机并能顺应变化",才能好好地生活,才能让心神不受侵犯。看看子舆的态度,对自己丑陋的外表非但没有怨天尤人,反而幽默地调侃自己,甚至学会了从另一个角度欣赏自己。所以说,人唯有接纳生活,接纳自己,感情和理智才不会发生矛盾,才不会造成烦恼。

接纳自己不是划地自限,而是认清自己。每个人都有优点和缺点,有其特有的能力、经验和机遇,只有接纳自己,才有喜悦,才知道痛下针砭。否则,就等于是在否定生活,否定自己,这样的人很容易迷失自己,进而在生活上感到空虚和无奈。

当你遇到生活的不如意时,要多想想自己的优点。一个懂得接纳生活、接纳自己的人,会把握住自己的做人准则,以自己的言行塑造自己的人生。

在一个小镇上,有一个退伍军人,他少了一条腿,只能拄着一根拐杖走路。一天,他一跛一跛地走过镇上的马路,向教堂走去。过往的人都带着同情的语气说:"你看这个可怜的家伙,难道他要向上帝祈求再有一条腿吗?"他听到了人们的窃窃私语,便转过身对那些人说:"我不是要向上帝祈求再有一条腿，而是要祈求上帝都助我，让我失去一条腿后，也知道该如何把日子过下去。"

比苦难更折磨人的是人对苦难的逃避和对自我的否定。只要你能保持良好的心态，接纳现实的生活和自己，你的每一天都将充满阳光！

6.不固执己见，不唯我独尊

子绝四：勿意，勿必，勿固，勿我。

——《论语·子罕》

孔子一生以四绝"勿意、勿必、勿固、勿我"要求自己。

"勿意"的意思是指做事不能凭空猜测、主观臆断，一切应以事实为依据。

"勿必"的意思是指判断事物不能绝对肯定，正所谓事无绝对，要辩证地看问题。

"勿固"的意思就是不能拘泥固执，一味地固执，会使自己偏离正确的轨道，所谓兼听则明，怎样让自己保持一个清醒的头脑至关重要。

"勿我"的意思就是不要自以为是，总是认为自己的观点和做法都正确，不接受他人意见。

《道德经》说：圣人对世间万事万物没有主观的成见，而是以百姓的意志为意志。善良的人,我以善良对待他;不善良的人,我也以善良对待他,这样,天下人的品德就都善良了。诚信的人,我以诚信对待他;不诚信的人,我也以诚信对待他,这样,天下人的品德就都诚信了。

南怀瑾先生说:"真正有道的圣人,是用无常心治天下的。"所谓"无常心",就是没有主观的成见,没有我见。那么,有道的圣人以什么为心呢?"以百姓心为己心"。一切人的需要,一切人的心理思想,就是他的心理思想,这就是现代所谓民主自由的真正道德精神,也就是以大家的意志为意志,以大家的需要为需要。要真正做到这些,才是"以百姓心为己心",才够得上是真正的圣人。

当今社会,很多人的痛苦与迷惑往往都是自我的偏执造成的。偏执的人总是深陷于自己的观念当中,当这个观念与大家不相同时,就觉得别人错了,自己才是对的,可是别人并不会因为他而改变自己的观念,于是就产生了矛盾,痛苦和迷惑也就随之产生了。太过以自我为中心的人,难免会坠入"狭隘"的泥沼,变得斤斤计较。

一对夫妇常为吃苹果的事情发生争吵。

妻子觉得苹果皮上有农药,吃了可能会中毒,所以一定要把皮削掉才吃;而丈夫则认为皮更有营养。因此就常吵。最后,竟吵到了他俩的老师家。

老师对妻子说:"你先生这么多年都吃不削皮的苹果也没事,你有什么可担心的。"

老师又对丈夫说:"你嫌你太太不吃苹果皮太浪费,你吃了不就可以了吗?"

由于家庭环境不同,成长过程不同,每个人的生活习惯也会有所不同。因此,不要勉强别人来认同你的习惯,同时也要宽容接纳别人的习惯。摒弃个人利益将使人生变得不可思议，而摒弃自私则会使人变得更加完美。

也许我们永远都无法成为孔孟那样的圣人，但只要秉持着圣人的情怀，怀圣人心，做平常事，也便和圣人相差不远了。

无论做人做事，都要从自我的圈子中跳出来，多设身处地地替其他人想想，以求理解他人，并学会尊重、关心、帮助他人，这样才可获得别人的回报，从中也可体验到人生的价值与幸福。

7.三人行必有我师

子曰："三人行，必有吾师焉。择其善者而从之，其不善者而改之。"

——《论语·述而》

孔子说："三人同行，其中一定有可做我老师的人。选择他们的优点加以学习，看到他们的缺点，反省自己有没有，如果有，就加以改正。"

三人行必有我师。那么，天涯何处无老师？真正好学的人是不拘于专门固定的老师的，随处都可以求教学习。

而"择其善者而从之，其不善者而改之"，也就是《论语·里仁》篇里所说的"见贤思齐焉，见不贤而内自省也"，老师的优点固然值得我们学习，但老师的缺点也可以成为我们的借鉴，关键是不要盲目崇拜。

在我们人生的不同阶段有不同的老师，第一位老师是养育我们的父母,父母的一言一行对我们的影响最深。从幼儿园到大学,这些老师都是有形的。实际上,生活中有很多对我们有影响、有帮助的人,有的人仅一面之缘,有的人相伴一程,有的人从未相识却受益良多。

不仅所有帮我们的人是我们的老师,那些伤害我们的人也是我们的老师。

有一个人脾气暴躁,便求主说:"请把我变成一个温柔的人。"于是,主就派了一个凶恶的人来,面对这个凶恶的人,脾气暴躁的人说话小心翼翼,再也不敢发脾气了。但他百思不得其解,就去问主说:"我求您把我变成一个温柔的人,您为什么派一个凶恶的人来?"主说:"只有凶恶的人才会教会你温柔,你身边的人对你太温柔了,你如何暴躁他们都能原谅你。"脾气暴躁的人这才恍然大悟。

孔子说的"三人行,必有吾师焉",不仅是说每个人的身上都有值得我们学习的优点,也是在教我们要有一颗感恩的心,感谢每一个用各种形式帮助我们的人,甚至给我们带来苦难的人,逆境使人沉沦,亦使人奋进。

感谢身边的每一个人,感谢生活,感谢每一个爱你和不喜欢你的人,爱你的人带给你温情,不喜欢你的人令你不断完善自己。

8. 保持一颗仁爱之心

子曰："里仁为美。择不处仁，焉得知？"

——《论语·里仁》

孔子说："跟有仁德的人住在一起，才是好的。如果你选择的住处不是跟有仁德的人在一起，怎么能说你是明智的呢？"

孔子对仁爱的重视不无道理：仁爱能带给他人温馨的感觉、强大的力量。能给别人带来仁爱的人，必会得到别人的爱戴和尊重。

英国有位孤独的老人，无儿无女，又体弱多病，所以他决定搬到养老院去，并决定出售他漂亮的住宅。因为这是一所有名的住宅，所以很多人闻讯后便蜂拥而至。住宅的底价是8万英镑，但抢购者很快就将它炒到了10万英镑，而且价钱还在不断攀升。老人深陷在沙发里，满怀忧郁。要不是因为身体出现了问题，他是不会卖掉这栋陪他度过大半生的住宅的。

此时，一个衣着朴素的青年来到老人面前，弯下腰低声说："先生，我也想买这栋住宅，可我只有1万英镑。""但是，它的底价是8万英镑，"老人淡淡地说，"而且现在已经升到10万英镑了。"青年并不沮丧，他诚恳地说："如果您把住宅卖给我，我保证会让您依旧生活在这里，和我一起喝茶、读报、散步。相信我，我会用整颗心来照顾您！"

这时，老人站了起来，挥手示意人们安静下来："朋友们，这栋住宅的新主人已经产生了，就是这个小伙子。"青年就这样出人意料地赢得了胜利。

世界上最强大的不是坚船利炮,而是一颗仁慈的爱心。故事中的小伙子正是以此赢得了老人的青睐,成为了住宅的主人。

生活中,我们应该保持一颗仁爱之心,保持对真、善、美的追求。把你无私的爱献给周围的人——父母、同学、朋友以及那些陌生人,既帮助了需要帮助的人,也为自己积攒了良好的口碑。当你陷入困难,需要别人的援助时,你会发现,二话不说就向你伸出援手的是那些你曾经帮过的人,不管你有多大的问题,他们都会给你力所能及的支持。

爱心源自无私的付出,是人际关系的润滑剂,能加快彼此间的情感反应。给你的同事、你的客户一个超越纯粹利益关系的微笑、一个关键时刻的扶持,即使微不足道,却足以让他们感受到最真实的温暖。当他们回以惬意的眼神、深深的感谢时,你就已经得到了他们的认同。

地位、财富固然重要,而真正使人获得永久尊重和帮助的还是那颗善心。

9.巧诈不如拙诚

子曰:"人而无信,不知其可也。大车无輗,小车无軏,其何以行之哉?"

——《论语·为政》

孔子说："人要是失去了信用或不讲信用，不知道他还可以做什么，就像大车没有车辕与轭相连接的木销子，小车没有车辕与轭相连接的木销子，它靠什么行走呢？"

梁漱溟先生曾说，中国文化的最大特征是"人与人相与之情厚"，就是说，人和人在一起感情非常深厚，而这种感情的深厚以信用作为基础。诚信是一个人的立身之本，没有信用的人无法获得别人的信任，而不被人相信的人，就不能在社会上立足，也无法做出成就。

唐朝元和年间，东都留守名叫吕元膺。他酷爱下棋，养有一批下棋的食客。食客与吕元膺下棋，如果赢了他一盘，出入可配备车马；如果赢两盘，可携儿带女来门下投宿就食。

有一日，吕元膺在庭院的石桌旁与食客下棋。激战正酣之际，卫士送来一沓公文，需要吕留守立即处理。吕元膺便拿起笔准备批复。下棋的食客见他低头批文，以为他不会注意棋局，便迅速地偷换了一子。哪知，食客的这个小动作，吕元膺看得一清二楚。他批复完文件后，不动声色地继续与食客下棋，食客最后胜了这盘棋。食客回到住房后，心里一阵欢喜，企望着吕留守能提高自己的待遇。

第二天，吕元膺携来许多礼品，请这位食客另投门第。其他食客不明其中缘由，很是诧异。十几年之后，吕留守处于弥留之际，他把儿子、侄子叫到身边，谈起了那次下棋的事，说："他偷换了一个棋子，我倒不介意，但由此可见他心迹卑下，不可深交。你们一定要记住这些，交朋友要慎重。"

棋品即人品，我们在日常生活中一些不守信用的行为，看似小事，却会为我们的品格印上很大的污点，成为阻碍我们人生发展的隐患。

欧洲某些国家公共交通系统的售票处大部分是自助的，也就是说，你想到哪个地方可根据目的地自行买票,没有检票员,甚至连随机性的抽查都极少。据说,逃票被抽检抓到的大约只有万分之三的几率。

一位外国留学生发现了这个管理上的"漏洞",他很乐意不用买票而坐车到处游玩,在他4年留学期间,他因逃票被抓了两次。4年后,他大学毕业,试图在当地找份工作,但他向各个公司投出的求职申请均遭到了拒绝。一次次的失败使他愤怒地认为这些公司对自己的国籍有偏见,终于有一天,他冲进了一家公司人力资源部经理的办公室,问道:"先生,我想问一下贵公司为何不录用我。据我所知,有一位各方面能力都不如我的别国同学已被你们录用了,你们是不是歧视我?"

"先生,我们并没有歧视你,相反,我们很重视你,因为我们公司一直在你的国家进行市场开发,我们需要一些优秀的本土人才来协助我们完成这个工作。所以,你刚来求职的时候,我们对你的教育背景和能力都很感兴趣。老实说,你就是我们所要找的人。"经理回答。

"那为什么不录用我呢?"

"因为我们查了你的信用记录,我们发现你有两次乘公车逃票的记录。"

"我承认,但为了这点小事,你们就要放弃一个能为你们带来更大利益的人才吗?"

"小事?不!先生,我们并不认为这是小事。我们注意到了,第一次逃票时,你说自己还不熟悉自动售票系统,这有可能。但在之后,你又逃了票,这如何解释呢?"

"那时我口袋中刚好没零钱。"

"不,先生,我不同意这种解释。我相信你可能有数百次的逃票。对不起,我只是说可能。此事证明了几点:第一,你不仅不尊重规则,而且善于发现规则中的漏洞并恶意使用;第二,你不值得信任,而我们公司中许多工作的进行是必须依靠诚信来完成的,如果你负责了某个地区的市场开发,公司将赋予你许多职权，但为了节约成本，我们不会设置复杂的监督机构，正如我们的公共交通系统一样。因此，我们没办法雇用你，而且我可以断定：在这个国家甚至在整个欧盟，可能没有一家公司会冒险雇用你。"

正所谓"大车无輗，小车无軏"，輗和軏都是车子的关键所在，没有它们，车子是走不动的。对于人来说也是一样，不管做人、处世、为政，"信"都是关键所在。一个人失去了信用，就失去了做人的基础，长此以往，别人对其只会敬而远之。

有些人自以为聪明，专门使用狡诈欺蒙的手段来达到目的。这种伎俩即便能一时得逞，但终究有被揭穿的一天，只是早晚的问题。到时候，骗人者轻则声名狼藉、众叛亲离，重则无法在社会上立足，并受到法律的制裁。正如《红楼梦》中所说的"机关算尽太聪明，反误了卿卿性命"。

韩非子说："巧诈不如拙诚。"巧诈的行为虽然可能图得暂时的利益，可是一旦被人识破，换来的就是别人怀疑的眼光。以近乎愚笨的拙诚来待人处世，一时间，他人或许无法感受到你的诚意，但经过长久的相处，必能获得他人的信赖。

10.君子重信才能维系人心

子夏曰："君子信而后劳其民；未信，则以为厉己也。信而后谏；未信，则以为谤己也。"

——《论语·子张》

子夏说:"君子必须取得信任之后才去役使百姓,否则百姓就会以为是在虐待他们。要先取得信任,然后才去规劝,否则,(君主)就会以为你在诽谤他。"

在《论语》中,信的含义有两个:一是信任,即取得别人的信任,二是对人讲信用。《子张》《阳货》《子路》等篇都提到了信。这句话告诉我们,诚信不仅是治国从政者取信于人的重要途径,同时也是我们立身处世的一项重要智慧。

自古至今,父母在教育儿女的时候,都非常注重对子女进行诚信方面的教育。大家都熟知的曾子教育儿子的故事就是一个很好的例子。

曾子是孔子的学生。有一次,曾子的妻子准备去赶集,孩子闹着要一起去,为了劝孩子乖乖留在家中,曾子妻许诺回来后杀猪给孩子吃。曾子妻从集市上回来后,曾子便捉猪来杀,妻子阻止说:"我不过是跟孩子闹着玩的。"曾子说:"和孩子是不可说着玩的。小孩子不懂事,凡事都跟着父母学,听父母的教导。现在你哄骗他,就是教孩子骗人。"说完,曾子便把猪杀了。

曾子深深懂得,诚实守信、说话算话是做人的基本准则,若失言不杀猪,虽保住了家中的猪,却在一个纯洁的心灵上留下了不可磨灭的阴影。

有关诚信的故事,除了上面的曾子教子,皇甫绩守信求责的故事也堪称其中的代表。

皇甫绩是隋朝一位很有名的大臣。他3岁的时候父亲就去世了,母亲一个人难以维持家里的生活,就把他带到外婆家居住。外公见皇甫绩聪明伶俐,又没了父亲,因此格外疼爱他。

皇甫绩的外公叫韦孝宽，韦家在当地是有名的大户人家，家里很富裕。由于家里上学的孩子多，外公就请了个教书先生在自家给孩子们授课，也就是办了个私塾。这样一来，皇甫绩和表兄弟们都在自家的学堂上学。外公虽然心地善良，但也是个管教严厉的老人，尤其是对他的孙辈们。私塾开学的时候，外公就立下规矩，谁要是无故不完成作业，就按照家法重打20大板。

有一天，上午上完课后，皇甫绩和他的几个表兄躲在一个已经废弃的小屋子里下棋。一贪玩，不知不觉就到了下午上课的时间，大家都忘了做老师上午留的作业。第二天，这件事被外公知道了，他把几个孙子叫到书房里，狠狠地训斥了一顿，然后按照规矩，每人重打20大板。

外公看皇甫绩年龄最小，平时又很乖巧，再加上没有了父亲，就不忍心打他，便把他叫到一边，慈祥地对他说："你还小，这次我就不罚你了。但你以后不能再犯这样的错误，不做功课，不学好本领，将来怎么能成大事？"

皇甫绩平时和表兄们相处得很好，小哥哥们都很爱护他，看到皇甫绩没有被罚，表兄们心里都很高兴。可是，皇甫绩心里很难过，他想：我和哥哥们犯了一样的错误，耽误了功课，外公没有责罚我，是因为心疼我，可我不能放纵自己，应该按照先前所定的规矩，重打20大板。

于是，皇甫绩就找到表兄们，求他们代外公责打自己20大板。表兄们一听，都笑了出来。皇甫绩一本正经地说："这是私塾里的规矩，我们都向外公保证过触犯规矩甘愿受罚，不然的话就是不遵守诺言。你们都按规矩受罚了，我也不能例外。"表兄们都被皇甫绩这种信守学堂规矩、诚心改过的精神感动了，于是，拿出戒尺打了皇甫绩20下。

后来，皇甫绩在朝廷里做了大官，但是这种从小养成的信守诺言、勇于承认错误的品德一直没有丢，这使得他在文武百官中享有很高的声望。

信用是一个人在社会上立足的前提。无论是在工作中还是在生活中,我们都必须重诺守信,这样,别人才会相信他,才愿意与他打交道,双方才有可能建立稳定的、长期的联系。一个人在社会中生活和工作,离不开同他人打交道,要想做成功一件事,更需要他人的支持、帮助,因此良好的人际关系十分重要。而重诺守信,则是维系人心、增进情谊的重要一环。

第二章

以德立世,人前人后皆君子

1.宽容是终身奉行的原则

子贡问曰:"有一言而可以终身行之者乎?"子曰:"其恕乎!"

——《论语·卫灵公》

子贡曾问孔子:"老师,有没有一个词,可以作为终身奉行的原则?"孔子说:"那大概就是宽恕吧!"

"忍一时风平浪静,退一步海阔天空。"这并不是懦弱,也不是忍让,

27

而是宽容。在人际交往过程中,人与人之间的相处总是不可避免地会发生一些摩擦,或因观念的冲突,或因秉性的不合。所谓宽容就是在别人和自己意见不一致的时候,不要去勉强别人。

诸葛亮去世后,蒋琬接任了蜀国宰相之职,主持朝政。当时,有个叫杨戏的人,甚为蒋琬看重,但是杨戏性格孤僻,讷于言语,蒋琬与他说话,他也是只应不答。于是,有些别有用心的人便在蒋琬面前嘀咕说:"杨戏这人对您如此怠慢,太不像话了!"蒋琬坦然一笑,说:"人心不同,各如其面,当面顺从而背后非议,这是君子所不为的。杨戏要称赞我,这又不是他的本意;要反驳我,又会表明我的错误,所以沉默不语。这正是他为人坦诚的表现。"后来,有人赞蒋琬"宰相肚里能撑船"。

其实,任何想法都有其来由,任何动机都有一定的诱因。要想了解对方想法的根源,就要从对方的立场角度想问题。

宽容是一种幸福。那些缺少宽容的人,总是为了些琐碎小事而耿耿于怀,稍不如意便会拍案而怒,甚至对他人恶语相向,从此让自己陷入斤斤计较的泥潭,生活变得黯淡无光。

宽容又是一种智慧。有时,原谅别人的某些冒犯并不会让人觉得你软弱,反而能够为你赢得别人的尊重。这种宽容是一种博大的胸怀,是一种不拘小节的洒脱,也是一种伟大的仁慈。

清朝康熙年间,文华殿大学士兼礼部尚书张英乃是安徽桐城县人。有一年,他的家人因为盖房子,与邻居桐城名医叶天士家在宅基地问题上发生了争执,两家人寸步不退,一时间僵持不下。最后,叶家更是一纸诉状将张家告到了县衙。张家在京城有人,自然不慌,只派管家飞书京城,想让张英利用权势"摆平"叶家。而张英看了家信后,只是淡淡一笑,提笔写下了一首诗，让管家带回去。"一纸书来只为墙，让他三尺又何妨。长城万里今犹在，不见当年秦始皇。"家人见书，立马明白了他的意思，心中感到很惭愧。之后，他们来到叶家，告诉叶天士，张家准备明天拆墙，后退三尺让路。叶家以为张家在戏弄他们，根本不相信这是真话，管家就把张英的这首诗拿给叶天士看。叶家看了这首诗后，十分感动，连说："宰相肚里能撑船，张宰相真是好肚量。"

第二天早上，张家就动手拆墙，后退了三尺。叶家见了，也把自家的墙拆了，后退三尺。于是，张、叶两家之间就形成了一条百来米长、六尺宽的巷子，被称为"六尺巷"。据说，这里成了桐城县一处历史名胜，一直保存了下来。

其实，尺许篱墙只是意气之争，多几尺少几尺都无关紧要。张英不愧是大学士出身，一首诗便化解了邻里之间矛盾，更是赢得了大家的尊敬。

对于别人的过错与冒犯，必要的指责无可厚非，但若能以博大的胸怀宽恕别人，岂不是更好。以宽容的心去看待他人的过错，自然就可以原谅别人。在天性善良、心胸宽广的君子眼中，世间的万事万物都是美好的，因为他总是抱着乐观开朗的态度去看待它们，待人接物都守着宽大为怀的原则。而那些自私狭隘的人，他们对不符合自己心意的事物只是一味地谴责和迁怒，在他们眼中，世间的一切似乎都在与自己作对。这样的人，自然不可能领悟到人生的真谛。

宽容是一种美德，为人常怀一颗宽容之心，就能理解别人的难处，从而原谅别人的稍许过错。同时，它也是使你摆脱烦恼的良药。人际交往中，唯有抱着谦和宽容的心态去相处，才能够获得真诚和友谊。

2.君子不念旧恶

子曰:"伯夷、叔齐不念旧恶,怨是用希。"

——《论语·公冶长》

孔子说:"伯夷、叔齐两个人从来不记别人过去的罪恶,别人对他们的怨恨自然也就少了。"孔子一向都非常赞扬伯夷、叔齐的高尚品格,对他们这种不念旧恶的博大胸怀备加推崇。

在汉末三国的宛城之战中,张绣投降曹操后,又乘着曹操不备,伺机发难,杀了曹操的长子曹昂、侄子曹安民和爱将典韦,就连曹操自己的左臂也被张绣的士兵乱箭射伤,险些死在乱军之中。这可算是曹操戎马生涯中少有的几次险境之一,两人之间的仇怨不可谓不深。后来,张绣为躲避袁绍的报复,再次向曹操投降时,曹操非常热情地迎接了他。曹操的一个部下进言道:"张绣与您有大仇,为什么不杀了他呢?"曹操却说:"张绣当初之所以能让我损子折将,那是因为他有本事,是个人才。"因而,曹操不仅对张绣的杀子之仇既往不咎,还与张绣结成了儿女亲家,并封张绣为扬武将军。

就曹操的人品而言,史书上众说纷纭,不过无论哪家的学说,都没有把他标榜为一个坦荡君子。刘备、孙权、曹操,汉末三国的三位君主中,曹操是被人诟病最多的,但魏国却比蜀吴两国更加强大,这当中,曹操那不念旧恶的品格无疑帮了他大忙。事实证明，曹操是正确的，后来张绣在官渡之战中立下战功，为曹操统一北方奠定了基础。

不念旧恶需要的是一个宽广的胸怀，不看从前，而着眼于未来。放过小恶，只观其大善之处，你也许就能看到人性的闪光点。

世上人有千百样，在人际交往中难免会遇到不喜欢自己的人，冲突亦是在所难免，这个时候，我们要学会温和地对待别人的无礼。若是以无礼反击无礼，只会引起更强烈的人际冲突。如果你保持温和的态度，就能有效化解别人的强硬，使自己立于不败之地。假如别人无礼的态度使你很受伤，那固然说明对方缺少修养，也说明你的内心过于软弱。与其仇视对方，不如努力训练自己的心理承受能力。

查拉图斯特拉在赶路的途中在一棵树下睡着了，这时，突然蹿出一条蛇咬伤了他的脖颈，查拉图斯特拉因为疼痛醒了过来。

蛇见他醒来，便想逃走。结果，查拉图斯特拉却说："你还没有得到我的感谢！感谢你叫醒我赶路。"

蛇奇怪地问："我的毒液会杀死你的，你还要感谢我？"

查拉图斯特拉听了，哈哈大笑说："你什么时候听说过天龙会被一条蛇毒死的呢？收回你的毒液吧，你并没有富足到可以将毒液赠我。"于是，那蛇又重新爬到他脖子上，吸去了毒液。

面对不怀好意咬伤自己的蛇，查拉图斯特拉不仅没有厌恶或者一气之下杀死蛇，反而"感恩"蛇及时"叫醒"自己赶路，即便蛇告诉他可能为此而丧命，他也没有动怒。正是这种"化敌为友"的尊重，让蛇最终为他吸去了毒液。

有人说人生会遭遇到完全不同的"三种人"。第一种是能够"理解、欣赏和器重自己的人"；第二种是"曲解、中伤甚至排斥自己的人"；第三种是与自己"毫无关系、无关痛痒的人"。第一种人对自己有知遇之恩,应当尊为师友,滴水之恩当涌泉相报;第二种人可以智慧地远离,而不应烦恼和计较;第三种人要以礼相待,与之和平共处。但是真正的智者,即便是面对不喜欢自己的人,依旧可以感化他、善待他。

《资治通鉴》上记载了这样一个故事:狄梁公与娄师德曾经一同担任宰相,狄仁杰非常不喜欢娄师德。一天,武则天问他说:"你知道我为什么会重用你吗?"狄仁杰回答说:"我因为文章出色和品行端正而受到重用,并不是依靠别人而庸碌成事的。"过了一会儿,武则天对他说:"我曾经不了解你,你之所以能得如此高的官位,全仗娄师德举荐。"说完,她便令侍从拿来文件箱,拿了十几份娄师德推荐狄仁杰的奏折给他看。狄仁杰读了之后,羞愧地说道:"我没想到竟一直被娄公容忍!而娄公从来没有自夸的神色。"

由于每个人的文化水平、工作生活、性格爱好等都有所不同,相处久了,难免会发生磕磕碰碰和矛盾冲突,严重的甚至会产生仇恨的心理,导致兄弟、朋友反目成仇。

《左传·宣公二年》有云:"人谁无过,过而能改,善莫大焉。"如果仅仅因为一个错误而去否定一个人,未免有失偏颇。其实,有些矛盾只是小矛盾,只要有一方能豁达一些、大度一些,该宽容的宽容,该忘记的忘记,问题自然就能迎刃而解,干戈也会化为玉帛。

3.对不喜欢自己的人也要尊重

子击磬于卫，有荷蒉而过孔氏之门者，曰："有心哉，击磬乎！"既而曰："鄙哉！硁硁乎！莫己知也，斯己而已矣。深则厉，浅则揭。"子曰："果哉！末之难矣。"

——《论语·宪问》

孔子在卫国，一天正在敲磬。一位挑筐的隐士从门前经过，说："这个击磬的人有心事啊！"过了一会儿又说："生硬硁硁，真是可鄙啊，没人了解自己，便只为自己就是了。"最后引用《诗经》的句子"深则厉，浅则揭"，暗喻孔子不知深浅，不辨时务。

在诸多隐士对孔子的嘲笑、挖苦、轻蔑中，这位"荷蒉者"是相当苛刻的。其有意为之的"自言自语"，被门人听到并汇报给了孔子。闻听常人以为难堪的贬斥，孔子面无愠色，从容如旧。他举重若轻，轻描淡写，对在旁的弟子只说了六个字："果哉！末之难矣。"意思是说，若事情果真像诗句说的那样，问题倒简单了，日子也好过了。孔子话中有话："道不同，不相为谋。"应答得极有技巧，令人回味无穷。

孔子言传身教，以雍容大度告诉弟子们，如何对待贬低自己的非议和批评。不正颜厉色地驳难，不等于服从刻薄与无理。有大智慧者，必有大器量，反之亦然。我不赞同你的观点，但我尊重你的表达，陈寅恪先生"同情的理解"，两千多年前的孔子早就做到了。

我们每天免不了要与形形色色的人打交道，在这些人中，难免会有不喜欢自己的人，如果你与他们个个都要较真，一天不知要得罪多少人，生多少气。能容得下不喜欢自己的人，并与之和睦相处，体现的不只是一个人的修养，更是气度和胸怀。

虽然人的某种本能趋势就是与喜欢、欣赏自己的人亲近，而远离那些不喜欢自己的人，但是，生活中没有那么多的随心所欲，由于各种各样的原因，我们经常要与不喜欢自己，甚至是与自己相敌对的人打交道，这时就需要用到一些技巧：用真诚的态度对待每一个人，包括不喜欢你的人。

被后世誉为"全世界最伟大的矿产工程师"的哈蒙从著名的耶鲁大学毕业后，又在德国弗来堡读了3年硕士。研究生毕业后的哈蒙向美国西部矿业主哈斯托求职时，脾气执拗、注重实践、不太信任专讲理论人员的哈斯托说："我不喜欢你的原因就是你在弗来堡做过研究，我想你的脑子里一定装满了一大堆傻子一样的理论。因此，我不打算聘用你。"

这时，哈蒙没有怒气冲冲地为此事争执，反而假装胆怯地对哈斯托说道："如果你不告诉我的父亲，我将告诉你一句实话。"当哈斯托表示守约后，哈蒙便说道："其实在弗来堡时，我一点学问也没有学回来，我尽顾着实地工作，多挣点钱，多积累点实际经验了。"

听完哈蒙的回答，哈斯托连忙笑着说："好！这很好！我就需要你这样的人。"

哈蒙了解了哈斯托的偏见后，并没有正面驳斥他的观点，反而尊重他的意见，维护他的"自尊心"，并巧妙地消除了他的顾虑。

学会和不喜欢你的人相处，并不如想象中那么难，关键是要摒除自己的偏见。

只要我们试着摆正心态，主动一点，就一定能将可能形成的敌对局面变成一片和谐,具体需要做到以下几点。

(1)要增加接触的机会,对对方好一些。也许你选择躲避这些人,但多接触有助于改善你们的关系。

(2)不要来硬的,要投其所好。如果对方喜欢喝点小酒,那就私下请他喝点,如此可改善关系。

(3)要主动地活跃气氛,大家在一起的时候,多讲讲笑话,让大家一起乐一乐,虽然这样做可能不太容易。

(4)保持适当的距离,与不喜欢自己的人相处时尽量不要表现出排斥的意思,适当的距离可以避免不必要的树敌。

(5)在关系僵持或恶化的时候,一定要主动表示友好,不要碍于面子,觉得难为情。

(6)包容和忍让是最重要的。哪怕你善待对方,对方还是对你不好,你仍旧要继续保持友好的态度,毕竟连草木、动物都有感情,更何况是人呢？只要心存善念,不断地付出,对方一定会转变。

一个真正智慧的人,在对待不喜欢自己的人时,也会示以尊重,笑脸相迎,友好相处。所以,为了不因某人对自己毫无理由的"好恶"而到处树敌,我们应该试着去和不喜欢自己的人友好相处。这是气度,更是胸襟。

4.爱正义,胜于爱权威

子曰:"当仁,不让于师。"

——《论语·卫灵公》

孔子说："面对着仁德，就是老师，也不同他谦让。"

国学大师南怀瑾先生妙解孔子，认为这就是孔子教育弟子的高明之处。他不搞个人崇拜，也不搞专制，就像哈佛大学的校训一样："与柏拉图为友，与亚里士多德为友，更要与真理为友。"当我们的意见与老师、上级发生冲突的时候，我们要考虑的不是权威的地位而是正义的力量，要让自己的心永远站在正义的那一边。

为了进一步说明"当仁不让于师"，孔子又说："君子贞而不谅。"这个"不谅"不是不原谅，而是说，一个君子要真正诚敬而不能马虎，不能随便违反正义。因为真理而冒犯老师不是对老师的不尊敬，而是对真理的执着追求、对信仰的坚持。这个世界上所有的道理看起来都不怎么高深，可就是这稀松平常的话才能显出坚持的不容易。比如，你是某个人的下级，明知道领导交给你的任务是错的，那么你是拒绝他，还是毫不反抗？"当仁不让"，这就是孔子的教育。对于这一点，孔子的一个弟子就真正做到了，这个人就是宓子贱。

宓子贱是鲁国人。有一次，齐国进攻鲁国，战火迅速向鲁国单父地区蔓延，而此时单父正由宓子贱治理。当时正值麦收季节，大片的麦子已经成熟，不久就能够收割入库，可是齐军一来，眼看到手的粮食就要让齐国抢走了。于是，当地一些父老向宓子贱提出建议说："麦子马上就要熟了，应该赶在齐国军队到来之前，让咱们这里的老百姓去抢收，不管是谁种的，谁收了就归谁所有，肥水不流外人田。"另一个人也认为："是啊，这样把粮食打下来，可以增加我们鲁国的粮食。而齐国的军队没有粮食，自然坚持不了多久。"尽管乡中父老再三请求，但宓子贱坚决不同意这种做法。过了一些日子，齐军一来，果真把单父地区的小麦一抢而空。

为了这件事，许多父老埋怨宓子贱，鲁国的大贵族季孙氏也非常愤怒，派使臣向宓子贱兴师问罪。宓子贱说："今年没有麦子，明年我们可以再种。如果官府这次发布告令，让人们去抢收麦子，那些不种麦子的人则可能不劳而获，得到不少好处。单父的百姓也许能抢回来一些麦子，但那些趁火打劫的人以后便会年年期盼敌国的入侵，民风也会变得越来越坏，不是吗？其实单父一年的小麦产量对于鲁国强弱的影响微乎其微，鲁国不会因得到单父的麦子就强大起来，也不会因失去单父这一年的小麦而衰弱下去。但是，如果让单父的老百姓，甚至于鲁国的老百姓都存了这种借敌国入侵能获得意外财物的心理，这才是危害我们鲁国的大敌，这种侥幸获利的心理才是我们几代人的大损失呀！"

子贱把老师平时教育的做人做官的原则实践得很好，爱正义胜过爱权威。只有坚持正确的选择，才能赢得别人的尊重。今天的我们身处纷繁复杂的社会关系中，随时都要面对一些被"扭曲"的事情。这时，我们是否也应该向宓子贱学习，真正做到"爱正义胜于爱权威"呢？在仁德正义的问题上，无论是谁，都不能退让。

5.成人之美,乐已之心

子曰："君子成人之美，不成人之恶。小人反是。"

——《论语·颜渊》

孔子说:"君子通常成全他人的好事,不破坏别人的事,而小人却与之完全相反。"

孔子所说的"成人之美"即成全他人的好事,这种成全也包含了想方设法帮助他人实现美好的愿望,甚至是要有一种"杀身成仁"的牺牲精神。

汤姆是一家大银行的秘书,奉命写一篇关于吞并另一家银行的可行性报告,但事关机密,他知道只有一个人可以为他提供需要的资料,那就是怀特。因为怀特在那家银行效力了十几年,不久前,他们成了同事。于是,汤姆决定去找怀特帮忙。当他走到这位叫怀特的同事的办公室时,怀特先生正在接听电话,并且很为难地说:"亲爱的,这些天实在没有什么好的邮票给你了。"

挂电话后,怀特向汤姆解释说:"我在为我那10岁的儿子搜集邮票。"

汤姆说明了来意,并提出了一些问题。但是怀特不是很愿意合作,回答问题时总是含含糊糊、模棱两可。所以,这次会面,汤姆并没有得到什么有价值的信息。汤姆很着急,不知道怎么办才好。突然,他想起了怀特为他儿子搜集邮票的事情,同时也想起了自己有一个喜欢搜集世界各地邮票的朋友。

第二天一早,汤姆带着以一顿法式大餐为代价换来的精美邮票,再次来到了怀特的办公桌前。接过汤姆递过来的邮票,怀特满脸笑意,对汤姆非常客气。"我的乔治肯定会很喜欢这些的。"怀特一边说,一面抚弄着那些邮票,"瞧这张,这是一张无价之宝。"接下来,他们花了一个小时谈论邮票,并看了怀特儿子的照片,然后,怀特把汤姆想要的资料都说了出来。不仅如此,他还打电话向以前的同事询问,把一些事实、数字、报告和信件中的相关内容全都告诉了汤姆。

成人之美赢得人心,"帮人最终帮自己",这成了汤姆后来一直信奉不疑的真理。

在日常工作中,同事之间免不了互相帮忙。假如一个同事请你提意见,诸如"你认为我的工作态度不对吗"、"我是不是不该以那种方式处理同老王的矛盾"……这些问题当然都不易处理,却也给了你一个帮助对方进步和表现气度的机会。最愚蠢的回答就是直接答"是"或"不是",你的回答应有一些建设性,也就是说,你应该提出一个可行的办法。因为,要是你的答案不能令对方畅快,他肯定不会接受你的意见,甚至会认为你是在敷衍他,白白辜负了他对你的信任。

当然,要表示你的关心,你的态度必须是诚挚的。这不仅能让付出关心的人和接受关心的人都有成就感,还能让当事人双方都受益。

拿破仑·希尔曾写道:"为你自己找到幸福的最有保障的方法就是奉献你的精力,努力使其他人获得快乐。幸福是捉摸不定、透明的事物。如果你决心去追寻幸福,你将会发现它难以捉摸;如果你把幸福带给其他人,那么幸福自然就会来到。"

当你尽自己所能成人之美时,你就是在帮助自己。因为在这个由人组成的社会里,当接受你帮助的人对你十分感激时,你会感受到一种温情,那种因为使别人幸福而令自身欣喜的感觉,能让你知道幸福的真正含义。

6.有德者朋友遍天下

子曰:"德不孤,必有邻。"

——《论语·里仁》

孔子说:"一个道德的人是不会孤单的,一定有志同道合的人来和他相伴。"

当今社会,人们变得越来越浮躁,某些人总以功利的眼光批判道德为无用之修养,而基于道义、原则而放弃一些物质利益的人,却遭人讥笑,被说成迂腐甚至虚伪。

但真正的道德君子,他们一生都在做有意义、有价值的事情,即使相当长一段时间内都不得不完全依靠自己的努力,但他们相信,只要不懈地追求,最后一定会遇到支持、认可自己价值的朋友。

也许有人会说,有些人道德品质不好,个人修养难以恭维,可身边不是同样有许多朋友吗?

这样的"朋友"显然并不是真正的朋友。别人与他交往不是冲着其本身,而是奔着覆盖在他们身上的光环而去的,所以,充其量只是"势利之交"。一旦其没有了利用价值,那些所谓的"挚友"就会弃他而去。这也就是所谓的"以势交者,势倾则绝;以利交者,利穷则散"。只凭权势利益,是交不到真正的朋友的。

万章问孟子:"如何交友?"孟子说:"不挟长,不挟贵,不挟兄弟而友。友也者,友其德也,不可以有挟也。"意思是:交友不依仗年长,不依仗富贵，不依仗亲戚。交友是以德交，不是为了依仗权势而交。

一个人道德品质和修养的高下，是决定与他人相处得好与坏的重要因素。道德品质高尚，个人修养好，就容易赢得他人的信任与友谊；如果不注重个人道德品质修养，就难以处理好与他人的关系，交不到真心朋友。

南宋朱熹在《论语集注》中解释"德不孤，必有邻"说："德不孤立，必以类应。故有德者，必有其类从之，如居之有邻也。"

道德是发展先进文化，构成人类文明，特别是低级文明向高度文明发展过程的重要因素和内容体现。它也是调节人与人之间和人与社会之间关系的行为规范。

一个有道德的人，在自己行德的同时，也会不由自主地影响到身边的人，从而使得别人也变得高尚，这也不失为一种"德不孤，必有邻"的法门。

有德的人，无私无我地与人为善，凡事总能先为别人着想，为事情的整体大局想，圆融好周遭的一切。善良有德的人，心宽路自宽，有失亦必有得，终其一生是永远都不会寂寞的，因为"德不孤，必有邻"。

7.君子慎独，守住自己的精神防线

君子戒慎乎其所不睹，恐惧乎其所不闻。莫见乎隐，莫显乎微，故君子慎其独也。

——《礼记·中庸》

"慎独"这个词出自《礼记·中庸》:"君子戒慎乎其所不睹,恐惧乎其所不闻。莫见乎隐,莫显乎微,故君子慎其独也。"它的意思是说,在最隐蔽的时候最能看出一个人的品质,在最微小的地方最能显示一个人的灵魂。

孔子路经陈蔡去应楚国的聘请。陈蔡的统治者担心孔子的圣贤之道一旦为楚国所用,就会危及自己国家,便派兵包围孔子,阻止他前行。这导致孔子粮食断绝,跟随他的人都生了病。但孔子却不因处境艰难而放弃追求,而是更加慷慨地讲诵诗书。

子路因处在困境而深感气恼,他问孔子:"善有善报,恶有恶报,为什么讲仁德的人却被困?"

孔子就开导他:"历史上有才有德而不被接纳的人很多,怎么做在于自己,而回报与否则在于上天。"

孔子具有芝兰一样的精神,即使在没人的时候也不会显现出一点不好的言行,和在人前是一样的,值得我们敬仰和学习。

曾国藩在他的《金陵节署中日记》里说:"慎独则心安。自修之道,莫难于养心。心既知有善知有恶,而不能实用其力,以为善去恶,则谓之自欺。方寸之自欺与否,盖他人所不及知,而已独知之。故《大学》之'诚意'章,两言慎独。果能好善如好好色,恶恶如恶恶臭;力去人欲,以存天理,则《大学》之所谓'自慊',《中庸》所谓'戒慎恐惧',皆能切实行之。即曾子之所谓'自反而缩',孟子之所谓'仰不愧、俯不怍',所谓'养心莫善于寡欲',皆不外乎是。故能慎独,则内省不疚,可以对天地质鬼神,断无行有不慊于心则馁之时。人无一内愧之事,则天君泰然,此心常快足宽平,是人生第一自强之道,第一寻乐之方,守身之先务也。"

疾风知劲草，烈火炼真金。只有在独处的时候，才能知道一个人真正的品行。

杨震是东汉时期的名臣，一次因公出差，途经昌邑之地，曾经受到杨震提拔的昌邑县令王密在夜深人静的时候敲开他的房门，献出十两黄金以表达自己对他的感激。杨震拒绝了王密，王密对杨震说："半夜三更没有人知道，您就收下吧！这是我的一点心意。"杨震义正言辞地回答道："天知，地知，你知，我知，谁说没人知道！"说完，他态度绝决地把黄金退给了王密。

元代大学者许衡也有过类似的经历。一日，许衡与人结伴外出，天气十分炎热，这一行人口渴难耐，在经过一颗挂满成熟果实的梨树时，他人纷纷跑到树下摘梨解渴，只有许衡站在那里一动不动。有人问许衡："你为什么不摘梨，难道你不渴吗？"许衡回答说："这不是我的梨，怎么可以随便乱摘呢？"大家讥笑他迂腐，哄笑着说："世道这么乱，谁还管这棵树是谁的呢！"许衡却不以为然，他说："世道乱，而我的心不乱，梨虽无主，可我心有主。"

"慎独"就是人前君子，人后亦君子，这一点对于修身是非常重要的。想要坚持"慎独"，就要在"隐"和"微"上下工夫，即人前人后都是一个样，不让任何邪念萌发，这样才能防微杜渐，保持高尚的道德品质。

我们从小受到的教育在我们内心埋下了善恶的标准，但重要的不是我们心里有善恶，而是我们的行为能够遵守内心的标准，尤其是在没有别人监督的情况下。

虽说君子慎独，但是慎独不该只是先哲和圣贤们的追求，每个人都应该努力去践行它。无论何时何地、何种处境，我们都要时刻注意自己的言行。

要知道,人一旦失去了外界的监督和束缚,个人的私欲便可能会成为至高无上的追求,当你降低自己的道德标准来让自己快活的时候,你已经在悄悄地腐败了。

慎独来自于不断地反省自己,它可以使你的内心变得清朗透彻,让你的人格越发坚韧;慎独还是一面盾牌,可以为你抵御来自方方面面的不良诱惑,使你踏实做事、坦荡为人,让我们这个社会更加文明有序,相处和谐。

著名的漫画家丰子恺先生画过一幅非常能体现"慎独"题材的漫画,画上的题词是"无人之处"。画上的那个人在有人的时候总是戴着一个面具,笑容礼貌客气,但没有人的时候,他摘下了面具,面具下的面目狰狞可怖,令人作呕。这就是当面一套、背后一套的"伪君子"做派。真正的君子任何时候都是一个样,不会因为有没有人而改变自己的言行。

慎独是一个人内在品质的试金石,也是人生正己修身的必修课。生活在这喧嚣的浮世中,面对来自外界的鲜花和掌声,定力不足的人难免会飘飘然起来。但是慎独可以锻炼我们,警醒我们不可失了分寸,不能没了尺度,久而久之,就会成为一种习惯,而慎独之人也就成了真正的君子。

8.浩然之气,给生命注入正义的理念

子曰:"志士仁人,无求生以害仁,有杀身以成仁。"

——《论语·卫灵公》

孔子说："志士仁人，没有因贪生怕死而损害仁义的，只有牺牲自己的性命来成全仁义的。"

孔子的衣钵传人孟子就孔子的仁义思想，进行了更为具体的阐述。他说："鱼，我所欲也，熊掌，亦我所欲也，二者不可得兼，舍鱼而取熊掌者也。生，亦我所欲也，义亦我所欲也，二者不可得兼，舍身而取义者也。"孟子由此将孔子的人生观进一步归纳为"舍生取义"。

在这种人生价值观的引导下，无数志士仁人把为民族、国家和人民建功立业作为自己的价值目标，而不惜牺牲一切去追求：范仲淹留下了"先天下之忧而忧，后天下之乐而乐"的满怀豪情；岳飞把"精忠报国"刺在背上以明己志；文天祥用生命体现了"人生自古谁无死，留取丹心照汗青"的大无畏精神。历史上无数的忠烈之士都用自己的行动为"舍生取义"做出了最好的诠释。

许多年前，一位作家在一次投资中损失了一大笔财产，濒临破产，他计划用他所赚取的每一分钱来还债。3年后，他仍在为此目标而不懈地努力。为了帮助他，一家报纸组织了一次募捐，许多人都慷慨解囊。这是一个诱惑——接受这笔捐款意味着他很快就能摆脱这种折磨人的负债生活。然而，作家却拒绝了，他把钱退还给了捐助人。几个月之后，随着他的一本轰动一时的新书的问世，他还清了余下的所有债务。这位作家就是马克·吐温。

正直意味着有高度的名誉感，正直就是具有道德感并且遵从自己的良知，正直就是有勇气坚持自己的信念。

在一所大医院的手术室里，一位年轻的护士第一次担任责任护士。

"大夫，你取出了11块纱布。"她对外科大夫说，"我们用的是12块。"

"我已经都取出来了。"医生断言道，"我们现在就开始缝合伤口。"

"不行。"护士抗议说，"我们用了12块。"

"由我负责好了！"外科大夫严厉地说，"缝合。"

"你不能这样做！"护士激烈地喊道，"你要为病人想想！"

大夫微微一笑，举起他的手，让护士看了看这第12块纱布。"你是一名合格的护士。"他说道。

原来，医生是在考验她是否有正义感和责任心，显然，她具备这些优点。

在人类社会的发展史上，始终存在着正义与邪恶、光明与黑暗、革新与守旧、真与假、善与恶、美与丑的斗争。在前者与后者的斗争中，就必须有舍生取义的人，就必须有舍生取义的精神，这是不容置疑的。

在历史的长河中，有一些人为了一己私利而舍义取生，他们在严刑拷打面前胆颤心惊，屈膝变节；在高官厚禄面前媚态百出，认贼作父；在金钱美女面前腿软筋酥，不能自已。这样的人必会被钉在历史的耻辱柱上，永受世人唾骂。即使是现在，也不乏其人，为了一己之私，不惜以身试法。

我们在以那些变节之人的下场告诫自己的同时，更应学习品行高洁的前辈们舍生取义的精神。这种舍生取义的精神，使正义战胜了邪恶，光明战胜了黑暗，革新战胜了守旧，真善美战胜了假丑恶。这种精神源远流长，历久不衰，推动历史前进，使人类由低级阶段向高级阶段不断进化。

第 三 章

让自己尽善,让工作尽美

1.对待职业要表现出足够的忠诚

子以四教:文,行,忠,信。

——《论语·述而》

孔子从四个方面教育学生:历史文献,行为规范,忠诚老实,讲究信用。

在这里,我们看到,孔子把忠诚作为自己教育弟子的一个重要课程,可见其对忠诚这一品德的重视。

俗话说："受人之托，忠人之事。"不过，有多少人能问心无愧地说出这样的话呢？工作中，老板把他们辛苦打下来的"江山"放手交给员工，就是希望员工能用心对待自己和老板共同的事业，风雨同舟，荣辱与共。公司为员工提供了一个尽情展现才华的舞台，是为"托事"；员工尽心尽力地做好自己的工作，是为"尽忠"。

谈到"受人之托，忠人之事"，孔子的大弟子子路做得最好。他的死能称得上"惊天地、泣鬼神"。司马迁以他的神来之笔为我们展现了这一场高贵的人生谢幕。

据《史记·仲尼弟子列传》记载，子路是因为卫国的政治动荡而献出了自己的生命。他的那一句"食其食者，不避其难"便是对卫国尽忠的明证，读之令人肃然起敬。其实，孔子早在听说卫国陷入政变的泥沼时，便断言了子路之死，因为他很了解这个大弟子的性格与品性，忠诚的子路断然不会因国家之乱而避祸他国。结果真如其所言。

子路在卫国做官，"食"卫国国君的"食"，就如同企业是我们的衣食父母一样，而我们又有谁能像子路那样慷慨激昂地表示出自己的忠心呢？这个问题确实值得思考。

有一位铁匠，铸铁技术一流，他铸造出来的工具得到了当地许多人的认可和赞赏。在士兵眼中，没有人比这位铁匠造出的武器更坚韧；在农民眼中，没有人比这位铁匠造出的犁具更耐用；在工匠眼中，没有人比这位铁匠铸造的工具更结实好用。

这一天，几个木匠来到铁匠铺中要求铁匠为他们每人做一把最好的锤子，因为他们几个人打算结伴到邻村的一个包工老板那里去做木匠活。"你们是要最好的铁锤吗？"铁匠问几个木匠。他们齐声回答道："是啊，否则也不会花大价钱来你这里了。"铁匠听到回答笑了两声，然后说："只要你们愿意出钱，我就保证给你们每人做一把最好的锤子。"

"听说那个包工头承包了一项非常大的工程，这一下可有你们几个人干的了。"铁匠边给他们打造锤子边和这几个木匠聊天。"是啊，不过在我们开工之前，你可是先要忙活一阵子了。"答话的是一个嗓门很大的高个子木匠。

铁匠和木匠边聊边做，几个木匠也时不时地主动上来搭把手，所以几把铁锤很快就做好了。几个木匠试了试锤子，果然十分好使，付完钱之后便兴冲冲地走了。

几天之后，那位承包了大工程的包工头亲自找上门来要向铁匠订做几十把"最好的锤子"，而且包工头还特别强调，一定要比前几天来过的那几位木匠手中的铁锤更好。他还表示，只要铁匠能够做出更好的锤子，他愿意支付更多的钱。

听完包工头说的话之后，铁匠笑了笑说道："以我目前的技术，已经不可能做到比他们手中更好的铁锤了。"

包工头不以为然地说道："他们一共才要几把铁锤，我要的数量可多得很。再说，每把铁锤我支付的价钱一定比他们高得多，难道你放着这么好的生意不做吗？"

铁匠回答："我当然愿意做这笔生意，可是当初我给他们做时已经尽我所能地做到了最好，现在也不可能再做出更好的铁锤了。其实，无论你给我多少钱，无论主顾是谁，凡是我接手的生意，我必定会尽我所能做到最好。也许在几年以后，随着我技术水平的提高还会做出更好的工具，但现在我真的做不了。"

听到铁匠的话，包工头佩服之至，虽然对方无法达成他的要求，但他仍旧决定在这里定做几十把"最好的铁锤"，而且还决定以后他需要什么工具，都在这里定做。

忠诚与权势、利益等无关。对于职业的忠诚，并不仅仅是为了从职业中获取某种利益，而是将自己的工作当成信仰，将每一次任务当成使命。在现代社会，真正的忠诚更应该是一种职业的责任感和使命感。如果缺少了充分的责任感和使命感，即使能够利用自身的职业技能获取一定的物质利益，可是在精神上，这样的人是最贫穷的。

看看我们周围，很多公司在遇到困难、需要员工扶持的时候，员工却一走了之，这实在不是一位优秀员工应该做出的事。忠诚并不是从一而终，而是一种职业的责任感；不是对某个公司或者某个人的忠诚，而是一种对职业的忠诚。

马云曾经明确表示过："我最不喜欢不忠不义之徒！"我们有理由相信这是所有老板的心声，其实，这也是我们每个人自己的心声。试想，谁会喜欢不忠不义之徒呢？著名的企业家、原太平洋建筑集团董事局主席严介和在一次电视采访中，被主持人问及提拔下属的标准精神时，毫不犹豫地选择了忠诚。

所以，对待职业要表现出足够的忠诚，就像原福特汽车公司总经理艾柯卡说的那样："无论我为哪一家公司服务，忠诚都是我的一大准则。我有义务忠诚于我的企业和员工，到任何时候都是如此。"比尔·盖茨也曾发出过类似的感叹："这个社会不缺乏有能力、有智慧的人，缺的是既有能力又忠诚的人。相比而言，员工的忠诚对于一个企业来说更重要，因为智慧和能力并不代表一个人的品质，对企业来说，忠诚比智慧更有价值。"

2.正人先正己，领导者要以身作则

子曰："苟正其身矣，于从政乎何有？不能正其身，如正人何？"

——《论语·子路》

孔子说："如果端正了自身的行为，管理政事还有什么困难呢？如果不能端正自身的行为，怎能使别人端正呢？"

曹操曾被人称为"治世之能臣，乱世之奸雄"，古今向来褒贬不一。然而，虽然其功过不定任由后人评说，但他深谙管理之道，正人先正己，以身作则，在治国治军方面深得将士尊重。

麦熟时节，曹操率领大军去打仗，沿途的百姓因害怕士兵，纷纷躲到了村外，无人敢回家收割小麦。曹操得知后，立即派人挨家挨户告诉百姓和各处看守边境的官吏，他是奉旨出兵讨伐逆贼，为民除害，现在正是麦收时节，士兵如有践踏麦田的，立即斩首示众，以儆效尤。百姓心存疑虑，都躲在暗处观察曹操军队的行动。曹操的官兵在经过麦田时，都下马用手扶着麦秆，一个接着一个，相互传递着走过麦地，没一个敢践踏麦子。百姓看见了，无不称颂。

然而，当曹操骑马经过麦田时，田野里突然飞起一只鸟，曹操的坐骑受惊，一下子蹿入麦地，踏坏了一片麦田。曹操立即唤来随行官员，要求治自己践踏麦田之罪。官员说："怎么能给丞相治罪呢？"曹操言道："我亲口说的话都不遵守，还会有谁心甘情愿地遵守呢？一个不守信用的人,怎么能统领成千上万的士兵呢?"随即抽出腰间的佩剑要自刎,众人连忙拦阻。

此时,大臣郭嘉走上前说:"古书《春秋》上说,法不加于尊。丞相统领大军,重任在身,怎么能自杀呢?"曹操沉思了好久,说:"既然古书《春秋》上有'法不加于尊'的说法,我又肩负着天子交付的重任,那就暂且免去一死吧。但是,我不能说话不算话,我犯了错误,就应该受罚。我就割掉头发代替我的头吧。"说完,他就用剑割断了自己的头发。之后,曹操又派人传令三军:丞相践踏麦田,本该斩首示众,因为肩负重任,所以割掉头发替罪。

古人云:"身体发肤,受之父母。"曹操割发代首,严于律己,实属难能可贵。要正人,先正己,自己以身作则才能约束他人。

从松嫩平原的冬雪严寒,到柴达木盆地的高原荒凉,刘保侠一直坚守在管道第一线的技术管理岗位上。艰苦的自然环境没有削弱他的学习热情,反而使他磨砺出了执着坚忍的性格。在林源泵站,他放下架子,虚心诚恳地向工人师傅求教,加倍苦练现场基本功;在涩宁兰管道投产准备期间,他挑战承受高原反应的极限,用本来就很少的休息时间翻译了大量资料,编写了多项操作规程;全线引压管动火改造,他作为负责施工的组织者,每天超负荷奔波协调,风餐露宿,出色地完成了任务;增压工程启动,为了确保燃压机组按时正常投运,他主动放弃轮休和出国机会,在涩北首站一待就是8个月。

曾有许多外国公司聘请刘保侠,但都被他婉言谢绝了。他说:"我虽然工作在涩北,但我的事业早已深深扎根在中国石油这片沃土中了。"就这样,刘保侠发扬大庆精神和铁人精神,以野战为荣,以艰苦为乐,立足岗位,先后解决了生产中的多项技术难题,以身作则,带动基层团队积极向上，为管道安全平稳运行、管道增压提量作出了突出贡献。

领导者只有以身作则、做出表率，才能最大限度地取信于员工。只有营造人人平等、公平至上的氛围，才能形成由上至下凝聚一心的无敌战斗力。

曾经有一位CEO说过这样一段话：对工作有利的，就是对自己有利的。你不重视自己的工作，就是不尊重自己，也绝不可能把工作做好。即使你没有一流的能力，但只要用心去工作，同样会获得人们的尊重；反过来讲，即使你能力无人可及，但没有基本的职业精神，也一定会遭到社会的遗弃。

3.勇于担当的员工最有魄力

子曰："过而不改，是谓过矣！"

——《论语·卫灵公》

孔子说："有了过错而不改正，这才真叫错了。"

真正的过错是你犯了错却不改正，这样顽固的态度才可以称得上是犯错。这是孔子关于过错的看法。我们经常认为一个人犯了错就不可饶恕，但一个犯错的人到了孔子那里却不会受到那么大的"歧视"，因为在他看来，每个人都会犯错，不能因为一个人偶然的过错就将他"打入地狱"，不给他翻身的机会。但是，倘若这个人明知自己错了还不思悔改，这样的错误哪怕再小也不可饶恕。

趋利避害是人的本性，所以，当我们犯下错误时，本能的反应就是掩饰或是辩解，而这往往只能起到欲盖弥彰的作用。错误一旦犯下，就像射出去的箭，不可能回头，理性的选择是勇敢地承认自己的错误。与其最后被别人揭下面具，不如自己揭去，后者失去的是面具，前者失去的却是人格。

约翰是一家商贸公司的市场部经理，他在任职期间犯了一个错误：他没经过仔细调查研究，就批复了一个职员为纽约某公司生产5万部高档相机的报告。等产品生产出来准备报关时，公司才知道那个职员早已被"猎头"公司挖走了，那批货一旦到了纽约，就会无影无踪，货款自然也会打水漂。

约翰一时想不出补救对策，一个人在办公室里焦虑不安。这时，老板走了进来，脸色非常难看，想质问约翰是怎么回事。还没等老板开口，约翰先坦诚地向他讲述了一切，并主动认错："这是我的失误，我一定会尽最大努力挽回损失。"

老板被约翰的坦诚和敢于承担责任的勇气打动了，答应了他的请求，并拨出一笔款让他到纽约去考察一番。经过努力，约翰联系好了另一家客户。一个月后，这批照相机以高于那个职员在报告上所写的价格转让了出去。约翰的努力得到了老板的嘉奖。

仔细想想，如果约翰当时选择推卸责任，或者为自己的错误辩解，后果会如何呢？也许，他不用为如何挽回损失而忧虑，却要为找下一份工作而发愁了。确实，掩饰辩白的好处在于不用承担错误的后果，就算要承担，也因为把其他人拖下了水而分散了责任，因此，明明证据摆在眼前，有人却依旧死不认错。此外，如果躲得过，也可避免别人怀疑你的形象及能力。可是，这些都只是表面现象。试想一下，如果你犯的是大错，必然尽人皆知，你的狡辩在别人眼中只是"此地无银三百两"，只会让人对你心生嫌恶。如果证据确凿，你即使狡辩功夫一流，但责任还是逃不掉，那又何苦去狡辩呢？如果你犯的只是小错，用狡辩去换取别人对你的嫌恶，那就是捡了芝麻丢了西瓜，得不偿失。

做错了事情并不可怕，只要你敢作敢当。企业最需要勇于担当的员工，勇于担当的员工最有魄力。

布鲁诺是美国某公司的财务人员。一天他在做工资表的时候，给一个请病假的员工定了全薪，忘了扣除请假那几天的工资。后来，布鲁诺找到这名员工，告诉他下个月要把多给他的钱扣除。但这名员工说自己的手头太紧，看病花去了他大部分积蓄，请求分期扣除，但这需要向老板请示。

布鲁诺知道，老板知道这件事后一定会非常不高兴，但布鲁诺认为这混乱的局面是因为自己的失误造成的，因此他必须负起这个责任，向老板承认错误。

当布鲁诺走进老板的办公室，坦诚说出自己犯的错后，老板竟没有责怪他，反而大发脾气说这是人事部门的错误，不关他的事；但布鲁诺坚持说这是他的错误，老板又大声地指责会计部门，说是他们的疏忽；当布鲁诺再度强调是他的失误所致，与别人无关时，老板笑了，说："好样的，我这样说，就是看你承认错误的决心有多大，会不会就此找理由推脱自己的责任。"最后，老板心平气和地说："好了，现在你去把这个问题解决掉吧！"从那以后，老板更加赏识布鲁诺了。

没有人希望在工作中出错，但绝大多数人都无法做到零失误。如

果错误发生了,并且其中有自己的部分责任,那我们就应该像布鲁诺那样,勇于承担并弥补错误。这样的人更容易获得同事的尊重和领导的欣赏。

一个人对待错误的态度,可以直接反映出他的敬业精神和道德品行。出现差错,是绝不推脱、勇敢地承担起责任,还是拼命找一些客观原因去掩盖错误,或为错误辩解,这正是优秀员工与平庸员工的显著区别。

4.乐业是职场修炼的最高境界

饱食终日,无所用心,难矣哉! 不有博弈者乎? 为之,犹贤乎已。

——《论语·阳货》

春秋时期,孔子经常教育他的学生向颜回学习,不要追慕富贵与享受,用心读书。孔子说,如果一个人一天到晚吃得饱饱的没有事可干,不去用心思考问题,那就没有造就了。下棋的人虽然悠闲,但也要用心,比饱食终日、无所用心的人强多了。

孔子又说:"群居终日,言不及义,好行小慧,难矣哉!"孔子是一位教育大家,他心目中没有什么人不可教诲,独独面对这两种人时摇头叹气:"难!难!"可见,人的一切毛病都有药可医,唯有无业游民,即便是大圣人也没有办法。

任何一项事业，都需要一种无形的精神力量作为支撑。这种精神就是像信仰神灵一样信仰职业，像热爱生命一样热爱工作，做到喜欢它，并以它为乐。

敬业是职业人士的基本要求，而乐业就属于境界问题了。要想达到这一境界，确实有些难。

刘琳是个漂亮的女孩子，她原本工作勤奋，为人热情，有着远大的理想。但是，工作8年来，她的工资越挣越少，换了很多公司，都是干不了多久就被解雇了。如今，她总是一边工作一边抱怨工作条件不好、客户信誉不好、行业不景气、老板不认真、自己多倒霉等，同时又分散精力于一些琐碎的生活小事上。她被自己折磨得又累又烦，什么都不能专心做好，每天都陷在忧郁、惊恐、不安的情绪中，生活变得越来越糟糕。

没有了积极情绪，就更不用谈快乐工作了。现实生活中，这样的人很多，他们不能踏踏实实地专注于自己的生活与工作，一味好高骛远，心思飘忽烦躁，结果，把工作弄得又乱又忙，却毫无成效。

如果你在上班的时候，脑子里还挂念着今天有什么球赛，或者回味昨天夜晚的狂欢，或者考虑怎样完成另外一份工作，那你就连最基本的"专注"都做不到，更不用说"专与精"了。你只会浑浑噩噩地走过一天又一天，在混乱和无助中度过自己的职业人生。

"好知者不如乐之者"，这是一种高度，也是前人对我们的要求。

林肯说："只要心里想快乐，绝大部分人都能如愿以偿。"但许多人不是到工作中去寻找乐趣，而是等待乐趣，等待未来发生能给他带来快乐的事情。他们以为找到好工作以后就能快乐起来，这种人往往是痛苦多于快乐。他们不理解快乐是一种心理习惯，一种态度，这种态度是可以培养起来的。假如你是一个电话接线员或是一个小公司的会计，每天都做着相同的工作:处理客户的来话、统计报表……也许你会感觉单调无味到了极点。但如果你能把自己每天的工作量都记录下来,鞭策自己每一天都要有进步,一段时间后,你也许会发现你的工作已不再单调、枯燥,而是充满了乐趣。这是因为你的心中有了与自己比赛的竞争意识,每天都怀有新的希望,有希望的生活自然满是乐趣。

难怪心理学家加贝尔博士说:"快乐纯粹是内在的,它不是由于客体,而是由于观念、思想和态度而产生的。不论环境如何,个人的活动都能够发展和指导这些观念、思想和态度。"

只有真正体验到自己工作的乐趣,才能享受到快乐和充实的感觉,才能真正体会到工作的意义。

5.学会识人至关重要

孔子曰:"人有五仪:有庸人,有士,有君子,有贤人,有大圣。"哀公曰:"敢问何如斯可谓庸人矣?"孔子对曰:"所谓庸人者,口不能道善言,心不知邑邑;不知选贤人善士托其身焉以为己忧;动行不知所务,止交不知所定;日选择于物,不知所贵;从物如流,不知所归;五凿为正,心从而坏。如此,则可谓庸人矣。"

——《荀子·哀公》

孔子认为人可分为五品:有庸人,有士,有君子,有贤人,有大圣。

鲁哀公问孔子道:"请问如何行事就算是庸人呢?"孔子回答说:"我

所说的庸人，嘴里说不出有道理的话，心里不知思虑；不懂得选择贤能善良的人把自己托付给他，让他分担自己的忧困；行动没有目的，不知道该在什么地方停下来；每天都在忙于选择事物，却不知道什么东西可贵；盲目跟从外物的驱使，却不知自己应该有个什么归宿；放任利欲侵害自己的本性，心情日趋败坏。像这样行事，就算得上是庸人了。"

哀公说："好。请问如何行事算是士呢？"

孔子回答说："我所说的士，虽然不能穷尽各种道术，但总要有所遵循，虽然不能事事做得尽善尽美，但总要能够落实。所以，士对于知识并不求多，而是追求所掌握的知识达到精深的程度；他们对于言语也不求多，而是追求使自己讲的话精当；他们还不妄求多做，而是追求用最恰当的方式来做事。对于他们，知识既然已经取得了，言语既然已经说出来了，行为既然已经发生了，就好像是性命、肌肤不可改变一样。因此，富贵并不足以替他增加什么，卑贱也不足以损害他什么，能够这样行事的，就称得上是士了。"

接着，哀公又问孔子如何行事才算是君子。

孔子回答说："我所说的君子，说话讲求忠信，但内心并不以道德高人一等自居；行为讲求仁义，但并不露出得意的神色；思考问题明白练达，但言辞并不锋芒毕露，这样就让人觉得谁都能够比得上他似的，这就算是君子了。"

尔后，孔子又向哀公讲了贤人的标准，就是"行动合乎规矩，又不觉得本性受到压抑；言语足以为天下效法，却能保证自己不为人言所伤；掌握着天下的财富，却没有不义之财；恩惠遍及天下，而自己又不用为贫困所忧虑。能做到这些，就算得上贤人了。"

接着，孔子又向哀公讲述了大圣的标准，他说："我所说的大圣，是通达大道，有无限的应变能力，明了万物情性的人。大道，就是借以变化而造就出万物的法则；情性，就是生来如此、难以变换的本性。所以，他要做的，是辨别天地间的万物，他对事物的明察洞悉就好比是日月，他还要像风雨一样普施于万物。他的态度虽说是平平和和，但他的行为是不可仿效的，就好像是天的儿子，他的行为是人们不可理解的，百姓们浅薄，所以不可能认识到他所从事的事情。这样的人，就叫做大圣。"

孔子对于人物的这段品评，最基本的一个标准就是看人能不能以及在何种程度上识大体。以此为根据，孔子把人分为庸人、士、君子、贤人、大圣五个层次。应当看到，在这些层次之间不仅有精与粗的差别，更有大道与小道的差别。其实，在孔子看来，鉴别人的标准与一个人自我修养的标准是一致的。孔子树立起这个一般的对人的衡量标准，实际上是在表达他期望人们对于人生能有一种理性的自觉。

春秋时期，一代名臣百里奚在虞、晋、楚、秦四国的不同遭遇很好地说明了识才方能用才、用才方能兴国的道理。百里奚曾为虞国大夫，但虞国国君不认为他有多么高明，在与晋国作战时，他虽屡谏良策，但虞君不信也不用，致使虞国被晋国所灭，百里奚也与国君一起成为了晋国的俘虏。

而晋人也没有发现百里奚是个人才，于是在晋秦联婚时把他作为秦穆公夫人的陪嫁臣送到了秦国。后来，百里奚逃亡时被楚国人抓住做奴隶。秦穆公听说百里奚是个贤才，想用重金去赎，又怕楚国知其身价不给，便降低其身价按照奴隶的价格去赎。他派人到楚国说："我的陪嫁臣百里奚在你处，我愿意用五张羊皮将他赎回来。"楚人便将他送回了秦国。这时，百里奚已年过七十。秦穆公与他畅谈三天，发现他确实是个难得的人才，于是交给他国家政事，号封为"五羖大夫"。后来，百里奚又向秦穆公推荐了蹇叔，二人一起为穆公竭智尽力，为秦国的政治、军事、外交作出了巨大贡献，使秦穆公成为春秋五霸之一。

虞、晋、楚不善于识才，致使百里奚这样的良才未能显露出来。秦穆公慧眼识才，知人善任，终成霸业。其实，在我国数千年的历史长河中，凡属盛世，必有明君，明君之明，首先在于识人善任。李世民识得并使用房玄龄、杜如晦这样的贤相，所以成就了一斗米只值三钱、路不拾遗、夜不闭户的清平盛世。唐玄宗误识并任用杨国忠、李林甫这样的奸臣，结果导致了"安史之乱"，自己也不得不在尘土飞扬中仓皇出逃。用人不同而有如此大的厉害悬殊，说明了这样一个道理：明君之治，患不知人；明君之德，莫大于知人。

古今时世不同，但"国之兴亡，务在得人"的道理相同。如果说古代"帝王之德，莫大于知人"，那么，今天领导者之德，亦莫大于识才。领导者善于识才用才，各种人才能才尽其用，因此，学会识人至关重要。

6.关心下属,温暖胜于严寒

子曰："君子义以为质，礼以行之，孙以出之，信以成之。君子哉！"

——《论语·卫灵公》

孔子说："君子把义作为根本，用礼加以推行，用谦逊的语言来表达，用忠诚的态度来完成。这就是君子啊！"

一般来说，上司笼络下属的手段不外乎升职、加薪。但有时，上级对下属不必付出任何实质的东西,只需要表现出某种态度,也能让下属获得较大的满足。

美国凯德电视公司的总裁李维是一位深得人心的领导者。他曾经私下对朋友说:"人都是有感情的,只要用仁义之心去对待他,他也一定会用心回报你。"

贴近下属、关心下属在很大意义上就是贴近企业的未来。虽然领导者的谋略至关重要,但要使谋略转化成生产力,就离不开下属默默无闻的细致工作。下属是工作成绩的真正创造者,尽管领导可用高压手段迫使下属去服从,但这也可能会激起下属的逆反心理,使之消极怠工或暗中抵制,以致降低工作效率,影响工作目标的实现。

相反,如果领导者能贴近下属的内心世界,真诚地关心下属,把下属的苦恼和难处放在心上,并为其排忧解难,下属定会对领导者心存感激,以最大的热情投身工作,竭尽全力为企业创造价值,即使再累再苦,也心甘情愿、无怨无悔,因为他们感受到了来自领导者的尊重与关怀。

在把公司看作大家庭的日本,老板很重视员工的婚姻大事。例如,日立公司内就设立了一个专门为员工架设"鹊桥"的"婚姻介绍所"。一个新员工进入公司,可以把自己的学历、爱好、家庭背景、身高、体重等资料输入"鹊桥"电脑网络。当某名员工递上求偶申请书,他(或她)便有权调阅电脑档案,申请者可以利用休息日坐在沙发上慢慢地、仔细地翻阅这些档案,直到找到满意的对象为止。一旦他被选中,联系人会将挑选方的一切资料寄给被选方,被选方如果同意见面,公司就安排双方约会。约会后,双方都必须向联系人报告对对方的看法。

日立公司人力资源部门的管理人员说:"由于日本人工作紧张,职员很少有时间寻找合适的生活伴侣,我们很乐意为他们帮这个忙。这样做还能起到稳定员工、增强企业凝聚力的作用。"

员工过生日时，你有没有送去一个祝福？员工生病时，你有没有去问候和探望？员工的家里有难处时，你有没有表示过慰问？员工出现生活烦恼时，你有没有提出一些意见和帮助？这些生活的点滴，虽然与管理无关，但要让员工用心工作，就要用心关爱他们，包括他们的工作、生活，甚至情感。

法国作家拉·封丹写过一则寓言：北风和南风比威力，看谁能把行人身上的大衣脱掉。北风猛烈吹起寒风，凛冽刺骨，结果行人都把大衣裹得紧紧的；南风则徐徐吹拂，带来风和日丽之感，于是，人们纷纷解开纽扣，脱掉大衣，因而南风获得了胜利。这就是被后人常常提到的"南风法则"。

这则寓言形象地说明了一个道理：温暖胜于严寒。

企业领导者在管理中要学会运用"南风法则"，懂得尊重和关爱下属，以人为本，推行严格中不失人情味的管理方式，使下属随时感受到公司传递的温暖，这样，他们才会彻底丢掉心中的包袱，激发出最大的工作积极性。

有一次，德国联邦铁路公司一个名叫卡特的工人喝得酩酊大醉后来上班，吐得办公室到处都是。办公室里立刻发生了骚动，同事们先是拿走了他的酒瓶，接着又把他送了出去。

部门主管在外面看到卡特昏昏沉沉地靠墙坐着，便把他扶进自己的汽车，将他送回了家。卡特的妻子吓坏了，这位主管再三向她表示什么事都没有。"不，卡特不知道，"她说，"老板不允许工人在工作时喝醉酒。卡特要失业了，你看我们如何是好？"这位主管告诉她："我是他的主管，卡特不会失业的。"

卡特的妻子张着嘴愣了半天。这位主管告诉她，自己会在工作中尽力辅导卡特，同时也希望她在家里照顾好卡特，以便他能够在第二天早上照常上班。

回到公司,主管对卡特的同事说:"今天在这里发生的不愉快,你们要统统忘掉。卡特明天回来,请你们好好对待他。一直以来,他都是个好员工,我们最后再给他一次机会!"

卡特第二天果真来上班了,他酗酒的坏习惯也自此改掉了。这位主管的宽容令卡特很感动,他一直记在心里,把自己所有的感恩都倾注在了工作上,并取得了很大的成就。几年后,卡特升任为工程师。

"士为知己者死,女为悦己者容"。领导者视卒如子,时刻把下属的疾苦放在心上,才能赢得下属的爱戴。因此,想要抓住下属的心,就要发自内心地去关怀下属,不用费很大的气力,只需留心生活中的点滴小事,真诚以待,就能打动人心。

关心下属疾苦,就要站在下属的立场上,设身处地地为下属着想。古代的贤德之君,吃饱时能够想到有人在挨饿,穿暖时能够想到有人在受寒,安逸时能够想到有人在辛勤劳作。懂得民间疾苦才能治天下。社会发展到今天,人们基本已不再为吃穿发愁,但幸福的人总是相似的,不幸的人却各有各的不幸,为上者应体恤下属,真心关切,这样才能使得上下一心、同舟共济。

以下列举几个员工情绪低落的特定时期,管理者若在此时多给予员工关爱,必能感动员工,激励员工为企业全心全意效力。

(1)员工生病时。

身体不适时,人的心灵总是特别脆弱。

(2)工作不顺心时。

人在彷徨无助的时候,对来自别人的安慰或鼓舞的需要比平常更加强烈。

(3)人事变动时。

刚刚调来的员工通常都会有交织着期待与不安的心情，这时，管理者应该帮助他早日消除这种不安。另外，由于工作岗位构成人员的改变，员工之间的关系也会产生微妙的变化，管理者应该帮助新员工尽快融入其中。

(4)家庭出现问题时。

如经济方面的问题，家庭经济紧张，或收入突然减少，或一下子要支付一笔很大的开支而影响了家庭的正常生活等；子女方面的问题，入不了好的学校、成绩差、落榜，失业或闯祸违法等；长辈方面的问题，对夫妻双方的父母或照顾不周，或他们觉得厚此薄彼而产生了不满，或有亲人、朋友去世等；夫妻之间的问题以及突发事件等。

7.不要乱猜疑

孔子叹曰："所信者目也，而目犹不可信！所恃者心也，而心犹不足恃。"

——《吕氏春秋》

《列子·说符》中说，有个人丢了一把斧子，猜疑是邻居的儿子偷的。由于思想上有这个框框，所以，邻居儿子的一举一动，甚至走路的姿势、面部的表情、说话的腔调，在他看来都像是偷了斧子的模样。后来，他在山沟里挖地时，无意中找到了自己丢的斧子，此后，他再看邻居的儿子，觉得其举止、态度都不像偷斧子的样子。

这个疑人窃斧的故事，很形象地刻画出了猜疑者主观武断的心理。总是胡乱猜疑的人，经常想一想这个故事，对于克服偏见，增长一些科学的态度，学会全面、准确地看问题，是有好处的。

有些人产生猜疑心，往往与轻信道听途说有很大的关系。

《三国演义》的长坂坡一战，刘备所部被曹军打得七零八落。正在他慌乱之中，糜芳又报告说："赵子龙反投曹操去也！"张飞一听，便猜疑赵云背信弃义，立即大怒道："待我亲自寻他去，若撞见时，一枪刺死！"尽管刘备告诫他："休错疑了……子龙此去，必有事故。吾料子龙必不弃我也。"张飞仍是不信，径自引二十余骑，到长坂坡寻杀赵云。其实，赵云是为救甘糜二夫人和刘备的儿子阿斗，才匹马单枪杀回乱军之中。幸亏简雍亲眼目睹，并报信给张飞，这才避免了一场误会。

耳听为虚，那么眼见是否就一定为实呢？也不见得。

孔夫子在陈蔡绝粮的时候，有一次亲眼看到颜回在煮饭时从锅里捞了一把，填到了嘴里，便猜疑颜回偷吃。于是，孔夫子又是旁敲侧击，又是启发诱导，说这饭很清洁，要先祭祖先。这时，颜回忙说："不可！刚才有灰尘落到了锅里，我已经捞出来吃掉了。"这时，孔夫子才恍然大悟，知道自己弄错了。并由此深有所感地说："知人固不易矣。"并强调指出："道听而途说，德之弃也。"

老先生从实际生活中得到了教训，懂得单凭自己的眼睛，有时候也并不一定可靠，想要真正了解实情，还要做些深入调查。

俗话说："疑心生暗鬼。"猜疑情绪是妨害正常人际关系的腐蚀剂。一个人的思想和行动一旦被猜疑情绪所支配，那他就必然会不信任别人，与亲友离心离德，遇事或捕风捉影，或无中生有，这样，不仅不能正确看待别人，也会错误评估自己。从历史上来看，当权者若爱猜疑，其危害就不是一人一事，而是误政误国了。

隋文帝"不明而喜察"，疑下而独裁，酿成群臣"唯取决受成，虽有愆违，莫敢谏争"。李世民说他"此所以二世而亡也"。到了隋炀帝，更是"多猜忌"，更加快了隋朝的灭亡。"君臣相疑，不能各尽肝胆，实为国之大害也。"李世民的这一见解，实在言简意赅。

想要克服猜疑情绪，首先自己要待人以诚。俗话说："人上一百，形形色色。"各人的出身经历、脾气秉性、文化修养都不同，风格气质也千差万别，不能够强求一律。别人对问题有不同看法，采取了不同态度，那是别人的权利，我们要尊重、支持别人的权利。切忌不合自己心意，就猜疑别人动机不纯；不拥护自己，就猜疑别人居心不良。那样只会把简单问题复杂化，不仅无助于交流思想、融洽感情、统一认识、团结同志，还会使矛盾和分歧越来越大。正确的态度应是设身处地，将心比心，多为别人想一想，多站在别人角度想一想。即便确有原则性问题，也要本着严以责己、宽以待人的态度，热情诚恳进行批评和自我批评，以便消除分歧，取得互谅互让。

对别人不可胡乱猜疑，而如果有谁猜疑到自己头上，也要有个正确的态度。切不可冒火怄气，以眼还眼，要相信组织，相信群众中的大多数，也要相信猜疑自己的同志随着时间的推移，终会冰化雪消，变猜疑为不疑。这里最要紧的是要有个"任凭风浪起，稳坐钓鱼台"的气度，正像刘少奇同志所说："只要自己的思想正确，行为正大，对于别人不负责任的误会和批评，必要时可以申明和解释一下，如果解释不了，只好让别人去说……而误会迟早都是可以弄清楚的。"有如此胸怀的人，必定不会去猜疑别人，即便受人猜疑，也定能"君子坦荡荡"。

8.谣言止于智者

子见南子,子路不说。夫子矢之曰:"予所否者,天厌之!天厌之!"

——《论语·雍也》

孔子去见南子,子路不高兴。孔子发誓说:"如果我做了什么不正当的事,让上天谴责我吧!让上天谴责我吧!"

南子是卫国国君的宠妃,是个倾国倾城的美人,但在外面的名声不太好。这里,子路生气的事就是关于这个美人。

从前的一些学者是这样解读这一段的:孔子去会见南子,子路很不高兴。(子路是个急性子,而且耿直)这一次,他大概是劈头盖脸地质问了自己的老师,一点也不给孔子面子。急得孔子赌咒发誓说:"我要是做了什么伤天害理的事,那真是要天打五雷轰!"其实,子路会这么生气,主要是因为担心老师的声誉受损。但孔子并不这样认为,他说:"子路啊,你不要人云亦云,难道你不知道人言可畏吗?别人说南子不好,但我见了她觉得她很好,并不像外面所说的那样。"

在这里,我们能够看到一个智者的修养:背后不胡乱说他人是非,而且让谣言止于智者。关于这一点,古今中外的许多思想家空前一致。

有一个人急急忙忙地跑到苏格拉底那儿,对苏格拉底说:"我有个消息要告诉你……"

"等一等,"苏格拉底打断了他的话,"你要告诉我的消息,用3个筛子筛过了吗？"

"3个筛子？哪3个筛子？"那人不解地问。

"第一个筛子叫真实。你要告诉我的消息，确实是真的吗？"

"不知道，我是从街上听来的。"

"现在再用第二个筛子审查吧。"苏格拉底接着说，"你要告诉我的消息就算不是真实的，也应该是善意的吧。"

那人犹豫地说道："不，刚好相反……"

苏格拉底再次打断他的话："那么，我们再用第三个筛子。请问，使你如此激动的消息很重要吗？"

"并不怎么重要。"那人不好意思地回答道。

苏格拉底说："既然你要告诉我的事，既不真实，也非善意，更不重要，那你还是别说了吧！这样的话，它就不会困扰你和我了。"

人在职场，难免会遇到各色人等，也难免会遇到谣言。面对闲言碎语，我们要有足够的理性，千万不能火上浇油，也不要轻易相信这些人云亦云的流言，要学习孔子这位千古圣人的理智。他用自身的言行给子路上了一课，也给我们众人上了一堂深刻的人生课。

传播流言蜚语的人，无非有以下三种：一种是没有头脑的人，无意间成了别人作恶的帮凶。一种是无聊的人，缺乏高尚的情趣，他们传播流言蜚语，并不是对受害者有什么意见，只是因为没有什么高雅的谈资，觉得生活缺少刺激，嫌世界不够热闹。还有一种是怀有阴暗心理的人，他们或出于私利，或出于嫉妒，传播流言蜚语，造谣生事，以便达到"我不行你也别行，我不好你也别好"的效果，或是达到某种不可告人的目的。

面对流言蜚语，我们没办法彻底消灭它，却能用理智将它的传播阻断在我们这里。

对付流言蜚语有以下几种方法：

(1)克制自我。

当人们听到有关自己的流言蜚语时，往往会产生强烈的情绪反应，使原来的心理平衡被打破。此时，想要克制不良情绪，你可以运用自制力把消极情绪转移掉，如听音乐、看电影、郊游、写字、画画等。

(2)学会容忍。

对于流言蜚语，采取容忍的态度，不理不睬。容忍为澄清事实提供了时间和机会，容忍的效果超过感情用事。而且，别人说累了，说厌了，口干舌燥，自讨没趣，自然会闭嘴。

(3)自我检查。

招致别人的流言蜚语，你或多或少都有不是之处。"智者闻过而大喜"，他们不会被流言蜚语弄得晕头转向、日不能安、夜不能寐、恼怒仇恨、不可抑制，他们会把别人的流言当作明镜，做到有则改之、无则加勉。

(4)用事实说话。

有些人就是这样，你不加理会，他反而变本加厉，此时，你也应强硬一些，让这些人知难而退，用事实说话是较好的方法。事实一摆明，谣言不攻自破。

(5)交流感情。

恶语起，说明自己有问题，至少说明你与说话者缺乏思想的交流、感情的联络。武力不能征服人心，你应该力争有更好的人际关系，与人有更多的沟通，多听别人对自己的意见，对人友好、谦虚。这样，你就会拥有许多真正的朋友，而真正的朋友是不会在背后诋毁你的。

9.高效的人把工作完成在昨天

子在川上曰:"逝者如斯夫,不舍昼夜。"

——《论语·子罕》

孔子在河边说:"消逝的时光就像这河水一样啊,不分昼夜地向前流去。"

法国思想家伏尔泰曾说过一个意味深长的谜:"世界上哪样东西最长又最短,最快又最慢,最能分割又最广大,最不受重视又最值得惋惜。没有它,什么事情都做不成。它使一切渺小的东西归于消灭,使一切伟大的东西生命不绝。"对于这个谜,一时之间众说纷纭,很多人都捉摸不透。

直到有一天,一个叫查第格的智者猜中了谜底。他说:"最长的莫过于时间,因为它永远无穷无尽;最短的也莫过于时间,因为它使许多人的计划都来不及完成;对于在等待的人,时间最慢;对于在作乐的人,时间最快;它可以无穷无尽地扩展,也可以无限地分割;当时谁都不加重视,过后谁都表示惋惜;没有时间,什么事情都做不成;时间可以将一切不值得后世纪念的人和事从人们的心中抠去,时间能让所有不平凡的人和事永垂青史!"

对于人生来说,拖延是最具破坏性的,它是一种最危险的恶习,使人丧失进取心。遇事一旦开始推脱,就很容易再次拖延,直到变成一种根深蒂固的习惯。

优秀的员工做事从不拖延,他们知道自己的职责是什么。在上司交办工作的时候,他们只有两个回答,一个是:"是的,我立刻去做!"另一个是:"对不起,这件事我干不了。"某件工作能做就立刻去做,不能做就立刻说自己不能做。拖延成就不了出色的业绩。

对于一名高效能人士来说,最佳的工作完成期永远是昨天。比尔·盖茨说过这样的话:"过去,只有适者能够生存;今天,只有最快处理完事务的人能够生存。"确实,只有做事高效的人才能挤出时间来完成更多的事,这也是帕金森定律所揭示的内容之一。帕金森定律认为,低效的工作会占满所有的时间。

避免帕金森定律产生作用的办法只有一个:为某一工作定出较短的时间,不要把工作战线拉得太长,要尽快完成各项任务——当然,必须保证工作的完成质量。如果不这样做,你对待那些困难或者轻松的工作就会产生惰性,因为,如果没有期限或者期限较长,你就会认为可以以后再说。如果你只是从工作而不是从可用的时间上去想,你就会陷入一种过度追求完美的危境之中。你会巨细不分,并且安慰自己已经把某项(实际上是次要的)工作做得很完美了,这样做的结果只能是使主要的目标落空。

某公司老板要赴国外公干,还要在一个国际性的商务会议上发表演说。他身边的几个工作人员为了做好准备工作,忙得头晕眼花,要把他所需的各种物件都准备妥当,包括演讲稿在内。

在该老板赴洋的那天早晨,各部门主管也来送机。有人问其中一个部门主管:"你负责的文件打好了没有?"

对方睡眼惺忪地回答道:"今早只睡了4小时,我熬不住睡过去了。反正我负责的文件是以英文撰写的,老板看不懂英文,在飞机上不可能复读一遍。待他上飞机后,我回公司去把文件打好,再以电讯传去就可以了。"

谁知，老板到后，第一件事就问这位主管："你负责预备的那份文件和数据呢？"这位主管按他的想法回答了老板。老板闻言，脸色大变："怎么会这样？我已计划好利用在飞机上的时间，与同行的外籍顾问研究一下自己的报告和数据，你这不是白白浪费了坐飞机的时间吗！"

闻言，这位主管的脸色一片惨白。

优秀的员工在任何时候都不会自作聪明地设计工作期限，把工作的完成期限按照自己的计划往后拖延，而是牢记工作期限，并清醒地意识到，最理想的任务完成日期是昨天。这一看似荒谬的要求，是保持恒久竞争力不可缺少的因素，也是唯一不会过时的东西。

时不我待，要想在职场竞争中立于不败之地，我们必须奉行"把工作完成在昨天"的工作理念。一个总能在"昨天"完成工作的人，才可能更好、更快地展现自身的价值。

第四章

重义轻利，放下欲念才能轻松前行

1.在义的前提下求利

子曰："君子喻于义，小人喻于利。"

——《论语·里仁》

孔子说："君子明白大义，小人只知道小利。"

据孔子的弟子记载，孔子平日较少提及"利"。孔子认为，追求富贵是人的本性，君主在主持国政时应把解决人民的物质生活放在首位，他说：

"邦有道，贫且贱焉，耻也。"要"因民之利而利之"。子贡问政时，他回答："足食、足兵，民信之矣。"可见孔子比较看重人民的物质生活。不过他对义给予了更多的关注，故"罕言利"，对"利"持谨慎保守的态度。

王夫之也曾经提出"务义"之说，他认为，义与利是对立的统一，有一定的界限；利与害也是对立的统一，经常相互转化。专意求利，却常常得害；唯有专意遵义而行，才能免除祸害。王夫之还指出："出利入害，人用不生。"意思是说，人离开物质利益就会陷入危险的境地，不能充分发挥人的作用，因此，君子不可不食人间烟火，有时也要"喻于利"。

义与利是密切统一的，如果简单地将义与利作为君子与小人的划分标准，实际上就是把义与利二者分割开来、对立起来，误导人们去追求一种虚幻的道德满足感。

有一个安分守己的人，一生从不与人争利，包括自己应得的利益。在这个俗世中，他像野草一样活了一生，慢慢老死。他来到了天堂，发现天堂的门前排着长长的队伍，所有人都你挤我拥，想早点进入天堂的大门。

他想：我不能和人争，不然会有麻烦。于是，他一个人排到了队伍的最后面。前面不断有人插队，为此，许多人混战成一团，然后妥协，队伍又渐渐恢复平静。他不敢插队，连这样的念头都不敢有。此外，还有人不断向他请求能不能把位置让给他们，他总是来者不拒地答应他们的要求，于是，他一次又一次站到了队伍的最后面。他在这里有很好的名声，所有新来的人都会让他把位置让给他们。他永远都排在队伍的最后面，这样过了几个世纪，他依旧没有进入天堂。他慢慢有些不耐烦了，但他不敢和别人说，更别说生气了。所有人都说他的脾气好，然后像在人间一样，开始把取笑他作为一种消遣。

终于，他遇上了一位天使，他壮着胆子问："天使啊，我在这里站了几百年，为什么不能进入天堂？"天使把他的情况告诉了上帝。上帝说："你说的是那个永远排在队伍最后面的人吗？让他下地狱吧！"天使把上帝的话告诉了他,他愤怒地去质问上帝:"上帝啊,你不是要把天堂留给那些温良、仁慈、有道义的人吗？"上帝说:"是的,但是如果你连自己应该得到的东西都不愿去争取,那么地狱最适合你！"

明代李贽在《与庄纯夫书》中写道:"孝友忠信,损己利人,胜似今世称学道者。"但有时,一味放弃自己应得的"利",处处宽忍退让,只会助长小人的贪婪。鲁迅先生曾说:"道德这事,必须普遍,人人应做,人人能行,又于自他两利,才有存在的价值。"所以说,在"义"的前提下追求自己应得的"利",是正常且正当的。

2.名利看不破,终会为其所累

子曰:"饭疏食饮水,曲肱而枕之,乐亦在其中矣。不义而富且贵,于我如浮云。"

——《论语·述而》

孔子说:"吃粗粮,喝白水,弯着胳膊当枕头,乐趣也就在其中了。用不正当的手段得来的富贵,对于我来讲就像是天上的浮云一样。"

司马迁在《史记》中写道:"天下熙熙,皆为利来;天下攘攘,皆为利往。"这两句话写在《史记》里面,恐怕颇有深意。古往今来,有多少王侯将相为名利付出了惨痛的代价，更别说普通人了。

名利看不破终会为其所累。中国古典名著《红楼梦》里有一首千古绝唱的诗歌："世人都晓神仙好，唯有功名忘不了！古今将相在何方？荒冢一堆草没了！世人都晓神仙好，只有金银忘不了！终朝只恨聚无多，及到多时眼闭了。"有的人把名利看得太重，终其一生都在争名逐利，而追逐到了才发现，自己其实一无所得。

淡泊名利是一种人生境界。人到了某种高度就一定会得到一些名与利，走到哪里都有无数人赞誉，这时就很容易被名利所蒙蔽，只顾着享受鲜花与掌声，学术研究也不做了，工作也不认真了，最后被困于名利之中。

庄子在濮水垂钓，楚王委派二位大夫前来请庄子出山，并许以高官厚禄。

庄子持竿不顾，淡然说道："我听说楚国有只神龟，被杀死时已三千岁了。楚王珍藏之以竹箱，覆之以锦缎，供奉在庙堂之上。请问二位大夫，此龟是宁愿死后留骨而贵，还是宁愿生时在泥水中潜行曳尾呢？"

二位大夫道："自然是愿活着在泥水中摇尾而行。"

庄子笑说："二位大夫请回去吧！我也愿在泥水中曳尾而行。"

庄子辞官悠然钓鱼，思考人生；陶渊明辞官耕田，喝酒吟诗。他们每天不用费尽心思地让自己站在名利的顶端，也不用担心自己随时被人排挤下去，人生过得悠然自得。

可以想象，一艘小船没有系在岸边，风往哪里吹，它就往哪里漂，风停了，它也就停了。人的一生如果能够达到这样自由洒脱的境界，夫复何求？我们的心应该像一面镜子，既能看见世界，也能看见自己，外视世界，自视内心。静下心来，看清自己本初的愿望。

"外在紧张忙碌，积极进取，内在坦荡从容，做生命的主人，乘物以游心。"这是庄子的"心斋"。如何才是心斋?庄子举了一个有趣的故事:有一个工匠很会雕刻,他刻的人与真人完全一样。君王看见吓了一跳,问他怎么能刻得那么像。工匠回答说:"我在雕刻之前,一定要先守斋,三天之后,心里就不会想能得到什么赏赐;五天之后,就不敢想别人会不会称赞我;七天之后,就忘了自己有四肢五官了。"

心斋的意思,就是把功名利禄统统排除;把别人对自己的称赞也都设法排除;最后连自己的生命都要设法超越,然后才去着手做事。这个时候,你对于自己要做的事已经没有了主观的欲望成见,做什么就是什么,等于是宇宙的力量在你身上表现了出来。

有一天,国王独自到花园里散步。看到花园里所有的花和树木都枯萎了,园中一片荒凉,国王很吃惊。询问园丁后,国王了解到,橡树由于没有松树那么高大挺拔,因此轻生厌世死了;松树因为自己不能像葡萄藤那样结出许多果实,嫉妒死了;葡萄藤哀叹自己终日匍匐在架子上,不能直立,不能像桃树那样开出可爱的花朵,气死了;牵牛花叹息没有紫丁香那样的芬芳,病倒了——所有的花草树木都因为彼此美慕、彼此嫉妒而丧失了生命的光彩。最后,让国王转悲为喜的是,细小的安心草还在茂盛地生长着。

国王看了看平凡得不能再平凡的安心草,问道:"小小的安心草啊,别的植物全都枯萎了,为什么你却这么乐观坚强,毫不沮丧呢?"

小草回答说:"国王啊,我一点也不灰心失望。因为我知道,如果国王您想要一棵橡树,或是一棵松树、一些葡萄藤、一棵桃树、一株牵牛花、一棵紫丁香什么的,您就会叫园丁把它们种上,而我知道您希望我做小小的安心草。"

一位古代哲人说:"没有大烦恼与灾祸的日子,就是天大的幸福。"古希腊的大哲人伊壁鸠鲁说："幸福，就是身体的无痛苦和灵魂的无纷扰。"

安于平凡，才能像上面小故事中的安心草一样，没有烦恼地茁壮成长，将阳光和雨露当作上天对自己的最大恩赐，快快乐乐地生活。做一棵安于平凡的安心草，幸福与成功两不误，何乐而不为呢？

唐代诗人刘禹锡有《陋室铭》自叙其志，他写道："山不在高，有仙则名。水不在深，有龙则灵。斯是陋室，唯吾德馨。……无丝竹之乱耳，无案牍之劳形。"刘禹锡的书房很简陋，他不在乎装修是否华丽，只着迷于与文人朋友坐而论道，安静地看书写文章。

只有用淡泊名利的思想去对待金钱、名誉、地位的得失，才能在繁纷复杂的环境中保持头脑的清醒，才能还我们内心一个悠然逍遥。这远比高楼广厦、锦衣玉食要重要得多。

诸葛亮有一句名言："非淡泊无以明志，非宁静无以致远。"淡泊名利并不是逃避现实，而是在熙攘喧嚣中保持一份理性。人生在世，名利相争，难以避免，而盲目沉溺在名利之中会令人迷失方向。

要把名利当作飘在眼前的浮云，吹起自在的风，把名利吹散，不让它们遮挡住自己的视线，不让名利占据自己的生活。

3.莫以物质财富论英雄

子曰：贤哉，回也！一箪食，一瓢饮，在陋巷，人不堪其忧，回也不改其乐。贤哉，回也。

——《论语·雍也》

孔子赞叹颜回：每天一竹笼饭，一瓢冷水，住在贫民区一间破房子里，一般人忍受不了这种清贫，而颜回却能安贫乐道，淡然处之。虽然清贫却能保持顶天立地的气慨，真是了不起啊了不起！

物质财富只是外在的荣光，真正的幸福来自于发现真实独特的自我，保持心灵的宁静。

寒山禅师曾作偈《东家一老婆》来指导人们应该如何看待贫富。

东家一老婆，富来三五年。昔日贫于我，今笑我无钱。
渠笑我在后，我笑渠在前。相笑倘不止，东边复西边。

寒山禅师这首诗偈寓意很深。他以生活中一种常见的社会现象，提出了令人深思的严肃问题：过去被我看不起的穷者，富了之后反笑我寒酸。我笑他在前，他笑我在后，笑与被笑的位置不断变换，必将陷入无穷的悲与喜的轮回之中。然而，只要做到了既不因贫贱羡人，也不以富贵骄人，超脱于世俗的祸福之外，唯求自心清静，律己自重，就不会再陷入"东边复西边"的无尽烦恼之中。

一位十分富有的父亲想让儿子知道自己生在一个富有的家庭是多么幸福的事，便安排他去看看穷人们的生活。

这位父亲带着儿子来到乡下，他们找到了一户最穷的人家，在那儿度过了一天一夜。

回来后，父亲美滋滋地问儿子："你认为此行如何？"

"非常好，爸爸！"

"现在，你该知道穷人的生活是什么样子了吧？"父亲问道。

"是的。"

"你都看见了什么？"

"我看到我们家花园中央有一个游泳池，他们却有一条没有尽头的小溪；我们家花园里有许多进口的灯，他们却拥有满天的繁星；我们的院子虽然很大，但他们的院子却延伸到地平线上。"儿子说完后，父亲沉默无语。

儿子又说："谢谢你，爸爸，你让我明白了我们是多么贫穷！"

以贫富论英雄，是一种狭义的贫富观。中国著名的数学家陈景润生活清贫，但谁能鄙视陈景润？还有历代以来的那些清官、廉官，谁敢说他们不是贤者能臣？

贫穷者不要盲目自卑，更不要因为贫穷而丢掉某些富人们所没有的"富裕"。作为不富裕的人，你一定要正确地理解穷，思考为何会穷。千万不要轻信富人宣扬的成功者的奋斗史，道理很简单：别人的衣裳不一定适合自己。当你努力了、奋斗了，却依然不富时，那穷就不是你的错了。

倘若我们暂时富裕，切莫鄙视或嫌弃那些不如我们的；如果我们暂时贫穷或者稍不如意，也不必去羡慕那些整天开车、忙于应酬的。生活是自己的，那份独有的幸福与甜蜜只有自己才能体会到，而这绝对与贫穷或富裕没有必然的联系。

4.以廉为美，以贪为耻

子曰："吾未见刚者。"或对曰："申枨。"子曰："枨也欲，焉得刚？"

——《论语·公冶长》

孔子说："我没有见过刚毅的人。"有人说："申枨是这样的人。"孔子说："申枨有贪欲，怎么可能刚毅呢？"

有贪欲就不可能刚毅，所以有个成语叫"无欲则刚"。

无欲不是指一点欲望都没有，而是说没有过分的欲望——贪欲。没有贪欲，就可以做到"软硬不吃"，坚持自己做人的原则，至大至刚。

而一旦有了贪欲，不是"吃人家的嘴软，拿人家的手软"，就是"英雄难过美人关"，哪里还有什么刚毅的品质呢？

在这样一个"没有金钱是万万不能的"时代，贪污腐败已成社会的一大公害，其根源和背景固然是相当复杂，但从贪污腐败者个体的情况来看，无一不是因为欲壑难填而造成的。这正如孔圣人所说的那样："枨也欲，焉得刚？"不管你职位再高，资历再老，一旦陷入贪得无厌的欲望之中，就会成为金钱和物质的奴隶，陷入万劫不复的深渊中，最终落个身败名裂的下场

晋代陆机《猛虎行》有云："渴不饮盗泉水，热不息恶木荫。"讲的就是在诱惑面前的一种放弃和清醒。

以虎门销烟闻名中外的清朝封疆大吏林则徐便深谙放弃的道理。他以"无欲则刚"为座右铭，历官40年，在权力、金钱、美色面前做到了洁身自好。他教育两个儿子"切勿仰仗乃父的势力"，实则也是本人处世的准则：他在《自定分析家产书》中说："田地家产折价三百银有零。""况目下均无现银可分。"其廉洁之状可见一斑；他终其一生，从来没有沾染拥姬纳妾之俗，在高官重臣之中恐怕也是少见的。

在物欲横流、灯红酒绿的今天，摆在每个人面前的诱惑实在太多。这就需要我们能够保持头脑的清醒，做到勇于放弃。抓住想要的东西不放，

甚至贪得无厌，只会带来无尽的压力、痛苦，甚至最终毁灭自己。

人生是复杂的，有时又很简单，简单到只有取得和放弃。应该取得的完全可以理直气壮，不该取得的则当毅然放弃。取得往往心地坦然，而放弃则需要巨大的勇气。若想驾驭好生命之舟，每个人都面临着一个永恒的课题：学会放弃！

俄国作家托尔斯泰写过一个短篇故事：有个农夫，每天早出晚归地耕种一小片贫瘠的土地，但收成很少。一位天使可怜农夫的境遇，就对农夫说，只要他能不断往前跑，他跑过的所有地方，不管多大，那些土地全都归他所有。

听到天使的话，农夫兴奋地向前跑去。每当他跑累了，想停下来休息时，他便会想到自己需要更大的土地，来养活自己的妻儿。当农夫累得上气不接下气，实在跑不动时，他又想到将来年纪大了，可能乏人照顾，需要钱，于是又打起精神，不顾气喘不已的身子，奋力向前跑！

最后，他体力不支，"咚"地倒在地上，死了。

的确，人活在世上，必须努力奋斗。但是，当我们为了自己、为了子女、为了有更好的生活而不断地"往前跑"，不断地"拼命赚钱"时，也必须清楚地知道什么时候该"往回跑"，因为妻子、儿女正眼巴巴地倚着门等你回来呢！

人要生存，就需要满足最基本的需求，但又不可贪得无厌，否则，便会跌入万劫不复的深渊。

常言道："贪如火，不遏则燎原；欲如水，不遏则滔天。"人的贪欲之口一旦开启，就很难在诱惑面前止步，最终必然会滑入泥潭，难以自拔。为官者，两袖清风，廉洁清正是根本。而要守得住清廉，经得起诱惑，不做贪官，就必须要有足够的辨别是非和自我约束能力。

为官者要想清正有为无是非，拒贿也算一门"必修课"。自古以来，拒绝贿赂的方法很多，有的棒打喝止，有的题文自勉，有的明牌警告，有的厚谢婉拒。古代廉吏的这些拒贿妙术，对于我们不无启发。

唐代著名诗人白居易，为官时通过自己的诗歌作品向社会公布个人收入与财产，清名永传于世。刚入仕途时，白居易担任政府机关校书郎，是个抄抄写写的"文秘"，他在诗中说："幸逢太平代，天子好文儒，小才难大用，典校在秘书。俸钱万六千，月给亦有余，遂使少年心，日日常晏如。"不久，白居易升为左拾遗，工资翻了一番，便又作诗道："月惭谏纸二千张，岁愧俸钱三十万。"接着，他被外派到苏州任刺史："十万户州尤觉贵，二千石禄敢言贫。"随后，白居易调回京城，为宾客分司，工资已是他刚入仕时的十倍："俸钱八九万，给受无虚月。"最后，白居易升任为太子少傅，此时工资最高，而且工作相当清闲自在："月俸百千官二品，朝廷雇我做闲人。"到了晚年，他回到洛阳颐养天年，领到原来月薪百分之五十的养老金："寿及七十五，俸占五十千。"

白居易就是用这样的方式，不让别人有行贿的机会，也不给自己留下受贿的空间。

清代张伯行在福建和江苏任巡抚、总督时，极力反对以馈赠之名行贿赂之实，并写了一篇禁止馈送的檄文："一丝一粒，我之名节；一厘一毫，民之脂膏。宽一分，民受赐不止一分；取一文，我为人不值一文。谁云交际之常，廉耻实伤；倘非不义之财，此物何来！"此文言简意赅，浩气凛然，表现了他对拒礼拒贿的深刻认识。这种严格自律的堂堂正气，使行贿送礼之辈望而却步。张伯行凭借这种坚定的为官立场，成了"清廉刚直，政绩卓著"的楷模，从而彪炳史册。

我们从古人这些拒贿的不同方式中可以看出，拒贿关键是自己要树立"以廉为美，以贪为耻"的人生态度，才能做到"风吹云动星不动，水涨船高岸不移"，才能始终保持一颗廉洁奉公之心，干净做事，清白做人。

5.阳光下的财富最受尊重

子曰："富与贵，是人之所欲也；不以其道得之，不处也。贫与贱，是人之所恶也；不以其道得之，不去也。君子去仁，恶乎成名？君子无终食之间违仁，造次必于是，颠沛必于是。"

——《论语·里仁》

孔子说："发财做官是人人都想得到的，不是用正当方法得到的，不要接受；贫穷和地位低贱是人人厌恶的，不是用正当方法摆脱的，就不要摆脱。君子扔掉了仁爱之心，怎么能成就君子的名声？君子时时刻刻都不离开仁道，紧急时不离开，颠沛时也不离开。"

这是孔子关于义和利的看法，从中可看出他主张义重于利。

比尔·盖茨曾说："你活着的每一天，都应该努力地去追求财富。只要你创造的财富是正大光明的，你就会得到所有人的尊敬与赞扬。"财富本身没有任何颜色，只是因为追求的方式不同，才让财富有了"金色"或"灰色"甚至"黑色"的区分。

"君子爱财,取之有道",只有阳光下的财富才能让人心生敬意,阴暗中的财富只会遭到人们的质疑。求富贵、去贫贱应以义为准绳,以义导利,以义去恶,否则将适得其反。

明朝的开国皇帝朱元璋曾给他的下属算过一笔账:老老实实地当官,守着自己的俸禄过日子,就好像守着"一口井",井水虽不满,但可天天汲取,用之不尽。朱元璋的这个账算得颇有哲理,"一口井"的比喻说出了人应秉持的财富哲学,靠自己的劳动获取财富最踏实,不义之财最终葬送的将是整个人生。

人生的辩证法是无情的,有得必有失,想得到更多,就会失去更多。有人说,在一个高速发展带来巨额财富的时代,想明白财富在哪里是一件再正常不过的事;在一个社会急剧转型的时代,追问财富、透视财富是财富得以久远保持的正义保障。

小张是某公司的财务人员,两年来,他工作兢兢业业,深得领导的赏识,薪资也比刚进公司时涨了一大截。如果按目前的情况发展下去,小张的前途绝对不可限量。但是几个月前,小张看到别人炒股票赚了大钱,自己也开始蠢蠢欲动。无奈手头钱财有限,他绞尽脑汁想了几天后,决定铤而走险,利用自己的职务之便挪用公司的钱款炒股。他想,股市火爆,用不了多久自己就会连本带利把钱赚回来,然后再把钱打回公司账户,神不知鬼不觉,肯定不会有什么大问题。说干就干,小张立刻挪用了公司的一笔钱投进股市。

谁知,两周以后,股市大跌,小张的这笔钱被牢牢地套住了。他到处筹措钱款弥补亏空,但终因数额巨大没能及时把这个亏空补上,到了月底,公司查账,发现了这件事。公司将小张告上了法庭,结果,小张被勒令补足亏空,并赔偿由此给公司造成的损失。经过这件事后,小张遭受了巨大的经济损失,其职业生涯也被抹上了一个永远也擦不去的污点。

岳飞曾赞一匹千里马："受大而不苟取，力裕而不求逞，致远之才也。"意思是它食量大而不苟取，拒食不精不洁之物，力量充裕而不逞一时之能，称得上负重致远之才。人亦是如此，不义之财勿纳，不正之道勿走，这样才能肩负重任，有所成就。

世上的路千千万万，但只有两个方向可以选择，即正与邪。很多人对"君子爱财，取之有道"怀有质疑，选择了邪道，一步步迈向黑暗的沼泽地，到了万劫不复之时，才发现自己曾经拥有最珍贵的幸福——踏实付出，获取正义之财。

只要你创造的财富是正大光明的，你就会得到所有人的尊敬与赞扬。

6.放下欲念，才能轻松前行

君子有三戒：少之时，血气未定，戒之在色；及其壮也，血气方刚，戒之在斗；及其老也，血气既衰，戒之在得。

——《论语·季氏》

君子有三件事要警惕戒备：少年时，血气未定，不要贪恋女色；等到壮年，血气方刚，不可好勇斗狠；到了晚年，血气已衰，不能贪得无厌。

人生是一场旅行，当行囊过于沉重时，应该拿掉一些累赘的东西。只有适当地放弃，才能让你轻松自在地面对生活。

相传,有一次,苏格拉底带着他的学生来到一座神秘的仓库前,他将仓库门打开,里面装满了放射着奇光异彩的宝贝。学生们仔细一看,每件宝贝上都刻着清晰可辨的字,分别是骄傲、嫉妒、痛苦、烦恼、谦虚、正直、快乐……这些宝贝是那么漂亮,那么迷人。这时,苏格拉底说话了:"孩子们,这些宝贝都是我多年积攒下来的,你们如果喜欢,就拿去吧!"

学生们见一件爱一件,抓起来就往口袋里装。可是,在回家的路上他们才发现,装满宝贝的口袋是那么沉重,没走多远,他们便气喘吁吁、两腿发软,脚步再也无法挪动。这时,苏格拉底又开口了:"孩子们,还是丢掉一些宝贝吧,后面的路还很长呢!"于是,"骄傲"丢掉了,"痛苦"丢掉了,"烦恼"也丢掉了……口袋的重量虽然减轻了不少,但学生们还是觉得难以承受,双腿像灌了铅似的。

"孩子们,把你们的口袋再翻一翻,看看还有什么可以扔掉的。"苏格拉底再次劝那些学生。学生们终于把最沉重的"名"和"利"也翻出来扔掉了,口袋里只剩下"谦逊"、"正直"和"快乐"……此时,他们心中有一种说不出的轻松和快乐。

人的欲望就像个无底洞,无论多少金银都难以填满。欲望是需要用"度"来控制的。人具有适当的欲望是一件好事,因为欲望是追求目标与前进的动力,但如果给自己的心填充过多的欲望,就会加重前行的负担。人贪得越多,附加在心上的负担也就越重,可明知如此,许多人却仍然根除不了人类劣根性的限制。对于真正懂得享受生活的人来说,任何不需要的东西都是多余的。适当的放下是一种洒脱,是参透人性后的一种平和。背负太多的欲望,总是为金钱、名利奔波劳碌,整天忧心忡忡,又怎么能有快乐呢?

一个人真正需要的东西其实十分有限,许多附加的东西只会徒增无谓的负担。那些不断膨胀的物品、工作、责任、人际、家务占据了你全部的空间和时间，许多人每天忙着应付这些事情，累得喘不过气，每天甚至连吃饭、喝水、睡觉的时间都没有，也没有足够的空间活着。拼命用"加法"的结果，就是把一个人逼到生活失调、精神濒临错乱的地步。这时候，你应该运用"减法"。这就好像参加一趟旅行，若带的行李太多，也许你还没到达目的地，就已经把自己弄得筋疲力尽了。唯一可行的方法是为自己减轻压力，就像扔掉多余的行李一样。

著名的心理学大师荣格曾这样形容：一个人步入中年，就等于是走到"人生的下午"，这时既可以回顾过去，又可以展望未来。在下午的时候，就应该回头检查早上出发时所带的东西究竟还合不合用，有些东西是不是该丢弃了。理由很简单，因为我们不能照着上午的计划来过下午的人生。早晨美好的事物，到了傍晚可能就显得微不足道；早晨的真理，到了傍晚可能已经变成了谎言。或许你过去已成功地走过早晨，但是，当你用同样的方式走到下午时，却发现生命变得不堪负荷、坎坷难行，这时就该"丢东西"了。

旁观者清，当局者迷。对于人性的弱点，每个人都有足够的了解，而当自己置身其中、面对取舍时，却不是那么一回事。这不仅是"不识庐山真面目，只缘身在此山中"，也是人性的一种悲哀。人生中该收手时就要收手，切莫让得到也变成另外一种意义上的失去。合理地放弃一些东西吧，只有这样，我们才能得到更珍贵的。

每一份欲望都会使世界失去一个天使，而满足一个人的欲望则会使世界上失去一个生命。只有抛却心中的"妄念"，才能够使你于利不趋，于色不近，于失不馁，于得不骄，进入宁静致远的人生境界。

7.乐善好施,是最大的财富

子曰:"不仁者不可以久处约,不可以长处乐。仁者安仁,知者利仁。"

——《论语·里仁》

孔子说:"不仁善的人不可能久处穷困,也不可能久处安乐。仁善者以行仁善为心安,智者以行仁善为利益。"

在中国,人们历来都把帮助别人当作是一件乐事,既能够救他人于苦难之中,提供帮助的人也能得到精神上的升华和完善。因此,每个人都应该加强这方面的道德修养。

乐善好施,是人类最古老也最美好的一种行为,更是中华民族的传统美德,它表现出了人们的慈善及淡泊之心。美国的著名作家和演讲家马克·吐温说过:"善良,是一种世界通用的语言,且盲人可感之,聋人可闻之。"英国的大文豪莎士比亚说过:"没有慈悲之心的是禽兽,是野人,是魔鬼。"乐善好施的人无论走到哪里,都是受人尊敬、受人欢迎的。

布施是另一种投资方式,比直接把钱放入银行获取微薄的利息要高明得多。

从前有个生意人,他忙碌大半辈子积累了一大笔钱。可是,他并没有人们想得那么快乐,因为无儿无女的他正在发愁如何收藏这偌大的家产。他想了很长时间,也想出了很多方法,但无论哪一种都不能让他感到安全。最后,他只好将所有的钱财都系在腰间。

有一天，他路过一个寺院，看到寺院的门前放着一个用金属铸成的大钵，过往的人纷纷都将钱放在这个钵中。他百思不得其解，便向别人询问原因。别人告诉他："这个叫'公共福田'，如果人们能够真诚布施，就会舍一得万，受益无穷。凡是被放到这里的钱财，都会用来救济穷人，让众生脱离苦海。这个大钵名字叫'坚牢藏'，只要把金钱放在里面，便不会再受到任何伤害。反之，如果将金钱放在自己身边，就很可能为自己带来天灾和人祸。"听到这里，这个生意人顿时幡然醒悟："我终于找到可以存放金钱的地方了。"随即，他便高兴地将钱拿出来做布施。

佛家有言："富贵从布施中来。"只有会花钱的人才会赚钱，只有舍得付出才会有回报。我们必须清楚，守财奴式的节俭并不会使你的财富更多，只会一步步断掉你的财路。只有当你变得乐善好施时，你才会发现生活的真正意义所在——原来快乐并不在于拥有多少，而在于付出多少。

放眼望去，古今中外不乏极为明智的商业经营者，那些闻名于世的大企业家们无一不是乐善好施的人。他们非常善于用余财热心资助慈善、公益事业，但上帝并没有因为他们在这方面的"挥霍"而使他们变得贫穷，相反，任何时候，他们所拥有的都比普通人多，在事业上也得到了更大更高的回报。

中国古代的范蠡便是一位乐善好施的人。两千多年来，人们一直奉范蠡为商业鼻祖，其中的原因除了他宝贵的经济思想外，更重要的是范蠡能"富好行其德"。范蠡一生三次迁徙，每到一地，他都凭智慧赚钱，曾三掷千金。他赚钱的"秘诀"就是散财，他赚到的钱财皆用来资助亲友乡邻，真可谓是"千金散尽还复来"。

快乐的舍是身心健康的标志，同时也是一种难能可贵的魄力和豁达坦然的心境。人类最快乐的时候不是索取，而是布施。一个贯于乐善好施的人，他的心境永远都是平和的，不会因为"失去"而耿耿于怀。

曾有人说："放在自家钱柜里的金钱的闪光,只能吸引它的拥有者毫无价值的注意力,正如萤火虫的辉光只能把自己暴露给它的捕捉者。"是的,再珍贵的东西,如果得不到使用和发挥,就如同一堆破铜烂铁,等着发霉生锈。钱财乃身外之物,死守着又有什么意义呢?当死神来临时,你不可能带走一分一毫,有再多的家产也买不回一秒钟的生命。钢铁大王安德鲁·卡内基也说过:"如果一个人到死的时候还有很多钱,那他实在死得很可耻。"

帮助那些需要帮助的人吧!只要我们人人都多一点爱心,多一点问候,多一点帮助,多一点博爱,这个世界就会变得美好起来。

培根说:"金钱好比肥料,如不散入田中,本身并无用处。"只有善于和别人分享,财富才能实现其最大的价值。如果你想成为一个快乐的人,那就做一个乐善好施的人吧!

8.崇尚节俭的生活

子曰:"奢则不孙,俭则固。与其不孙也,宁固。"

——《论语·述而》

孔子提倡节俭的美德。他说:"奢侈显得傲慢,节俭显得寒酸。与其傲慢,宁可寒酸。"

当鲁国人林放问孔子关于礼的问题时,孔子回答说:"礼,与其奢也,宁俭。"与前面的意思是完全一样的。

古今中外的有识之士大都崇尚节俭。

德国出生的美籍物理学家爱因斯坦未成名时，一位朋友在纽约街头碰见他，问他："你怎么穿得这么破旧？"他回答说："没关系，反正这里没有人认识我。"几年后，爱因斯坦成了世界闻名的大学者。一天，那位朋友在纽约街头又碰见了他，惊异地问："你怎么还穿得这么破旧呀？"爱因斯坦笑着说："反正这里的人们都已经认识了我。"

俄国伟大的学者罗蒙诺索夫成名后，衣着十分朴素。一次，一个专爱讲究衣着、不学无术的人看到罗蒙诺索夫的肘部有个破洞，便挖苦地说："从这儿可以看到你的博学吗？罗蒙诺索夫。"罗蒙诺索夫巧妙地回答："一点也不！先生，从这里可以看到愚蠢。"

节俭不是生活小事，是智者洞察世界后产生的美感。那些淡泊物欲享受的人，与其说他们懂得享受朴素，能保持淡泊宁静，不如说是崇高而伟大的精神境界使他们自然地选择了与之和谐的朴素生活。

目前社会上存在着一些不良社会风气，其对照圣人的要求，恰恰是反其道而行。一般礼仪不从简而尚奢，越奢侈越有排场，就越体面越风光。丧礼更是铺张而无真正的悲哀。所谓"红白喜事"，那"白喜事"本是为避讳而言，现在对很多人来说倒成了名实相符的喜事。比如说家里老人寿终正寝，一喜少了一个负担、拖累；二喜可以收礼钱，借此发一笔不大不小的财；三喜有遗产；四喜可以借机聚赌，麻将直打到丧事办完。这样的丧礼，有几个人心里是真正的悲哀呢？

子曰："奢则不孙，俭则固，与其不孙也，宁固。"讲奢侈排场的人常希望胜过别人，因而常有大款斗富的故事。而过分节俭，便会事事不愿与人互通有无，容易陷入固陋。两者均不可取，但比较起来，还是固陋更可取。

瑞士是世界首富之国，但瑞士人的节俭却是出了名的，有时显得近乎"抠门"。欧洲有一句谚语，大意是说瑞士人有两个钱袋，装钱少的钱袋是准备请客的。即使是为自己购物，他们那种认真、耐心、掏钱时的谨慎，也使人叹为观止。比如选购一张价格低廉的普通中国画，他们常常是戴上眼镜看，又摘了眼镜看，放远了看，又拿近了看，仔细端详，反复比较，即使花了这样一番工夫，他们也未必一定会买下来。这似乎也为瑞士民族平和、闲雅的气度作了一个注释。

真正靠劳动致富的人是很少挥金如土、奢侈淫逸的。李嘉诚多年稳坐华人首富宝座，而他至今仍住在30年前的老房子里；他担任公司总裁，可对自己年薪的发放却有严格的限制。台湾塑胶大王王永庆，不仅自己克勤克俭，而且严格限制子女的零花钱，每项花费都要有详细的记录，花一块钱也得有所交代。因为他们"一粥一饭，常思来之不易；半丝半缕，恒念物力维艰"。1994年7月，亚历山大·卢卡申科出任白俄罗斯首届总统，直到就职前一天，他还住在农村，他的夫人和小儿子至今还生活在那个偏远的村子里，他们的家是一座极普通的两层砖楼，还是集体农庄分的。勤劳的总统夫人说："我从不追求什么荣华富贵和显赫地位。"

"奢则不孙"，一旦陷入奢侈糜烂的泥坑，人就会互相攀比，就像穿上了有魔力的红舞鞋，身不由己，欲罢不能。不如节俭一点，好比吃精美点心，每次津津有味地吃一点，你对点心便总怀有美好的印象；若吃得太饱，甚至吃伤了，点心的魅力便会在很长一段时间甚至永远消失。

第五章

志存高远,目标是成功的起点

1. 人生每个阶段都要有目标

子曰:"吾十有五而志于学,三十而立,四十而不惑,五十而知天命,六十而耳顺,七十而从心所欲,不逾矩。"

——《论语·为政》

孔子说:"我十五岁立志于学习,三十岁立足于社会,四十岁掌握了各种知识,五十岁了解并顺应自然规律,六十岁对耳闻的东西能够融会

95

贯通,七十岁可以随心所欲,又不超越礼的准则。"

孔子把自己的一生划分为各个不同的发展阶段,至少向我们提供了这样有益的启示:人生的每个阶段都要有自己的奋斗目标。

生活中有些人活着没有任何目标,他们在世间行走,就像河中的一棵水草,不是行走,而是随波逐流。

随波逐流的人随大流、绕圈子,终其一生都一无所成。一幕幕"悲剧"的根源,皆因缺乏人生目标。

几个贪玩的小孩把几条毛毛虫放在一只花盆的边缘上,首尾相接,围成一圈,在花盆周围不到半米的地方,撒了一些毛毛虫喜欢吃的松叶。毛毛虫开始一个跟一个,绕着花盆,一圈又一圈地走。一个小时过去了,两个小时过去了……毛毛虫还在不停地团团转。几天以后再去看,毛毛虫都因饥饿和精疲力竭而死。其实,只要有一条毛毛虫能稍稍与众不同一点,它们都不会落个这样的结局。

有些人就像这毛毛虫一样,看起来忙碌不堪,但当问他为何而忙时,他却只能摇摇头说"瞎忙"。这种人既不会成功,也无法得到真正的快乐。正如我国伟大的思想家庄周所说:"哀莫大于心死,愁莫大于无志。"

仅仅制定目标是不够的,同样都是有目标的人,有的人成功了,有的人却失败了,这完全取决于他是否专注于他所确定的目标。

在茫茫的大草原上,一位老猎人有三个儿子。这天,老猎人要带上三个儿子去草原上猎野兔。一切准备就绪后,四人来到了草原上。这时,老猎人向三个儿子提出了一个问题:"你们看到了什么?"

老大回答道:"我看到了手里的弓箭,在草原上奔跑的野兔,还有一望无际的草原。"

父亲摇摇头说："不对。"

老二的回答是："我看到了爸爸、大哥、弟弟、弓箭、野兔，还有茫茫无际的草原。"

父亲又摇摇头说："不对。"

而老三的回答只有一句话："我只看到了野兔。"

这时父亲才说："你答对了。"

专注就是把意识集中在某个特定的欲望上的行为，并要一直坚持到已经找出实现这个欲望的方法，而且成功地将之付诸实际行动。你可能还意识不到专注的力量，但它的力量却是无穷的。

总而言之，目标是成功的起点，有了目标，你才不会随波逐流。

制定目标切忌畏首畏尾，应该将目光放长远一些，如此，伟大的目标将充分发掘你身上无穷的潜力。"目标越远大，人的进步就越大。"一个不想当元帅的士兵，不仅永远不可能当上元帅，甚至不可能成为一个好士兵。

有了目标，才会有奋斗的方向。哲人说得好："没有聚焦，人生只能是一盘散沙。"

2.任何时候都不能失去志气

子曰："三军可夺帅也，匹夫不可夺志也。"

——《论语·子罕》

要使一国的军队失去主帅,是要经过拼死鏖战才可能实现的,是很难的事情。而在孔子看来,要使一个普通百姓丧失志气,却比夺取三军之帅更难。孔子这样强调,是为了说明志气对于一个人的重要。

人不可没有志气,更不可丧失志气。一个没有志气的人是可悲的。中国人历来十分看重志气,把有志气和不论在任何情况下都不丧失志气,看作是品德高尚的表现。

关云长温酒斩华雄,千军万马中夺敌帅首级如探囊取物。这是"三军可夺帅也"。

严颜宁死不屈,面不改色,"但有断头将军,无有投降将军"。这是"匹夫不可夺志也"。

志向的确立和坚守非常重要,是儒家修身的基本内容之一。一个人,什么都可以失去,唯独志气不能丢。

北宋末年的抗金英雄岳飞,正是在金人入侵的动乱年代里,立下了"还我河山"的壮志。他一生征战沙场,死而后已。当岳飞率兵屡败金兵,建有大功的时候,有人赠送美人以示慰劳,岳飞却说:"金兵未灭,难道是大将安乐的时候吗?"毅然将美女退了回去。宋高宗要为他建宅第、立家室,以褒奖他的赫赫战功,他又辞谢道:"金兵未灭,何以家为?"岳飞一生矢志不移,终于留下了千古美名。

《山海经》(地理笔记,大约成书于战国时期)中有个"精卫填海"的故事,说发鸠之山有一种鸟,白嘴,红足,头上有花纹。它原是炎帝的女儿,叫女娃,一次在东海游水时被淹死,变成了鸟,名叫精卫。从此,它每天叼着西山的木石去填东海,发誓不填平东海决不罢休。还有一个故事也出自《山海经》,说远古时候有个叫刑天的,与最高统治者天帝斗争不息。古代神话中的这一类故事,都表现出了人民崇尚志气的思想。

　　陶渊明在《读<山海经>》一诗中写道："精卫衔微木，将以填沧海，刑天舞干戚，猛志固常在。"也赞颂了"匹夫不可夺志"的精神。

　　说起陶渊明，他也是个很有志气的人。他自幼博览群书，有远大的政治抱负，但又不慕名利。29岁时开始做官，想通过仕途实现"大济苍生"的理想。但由于东晋时代士族门阀制度的腐朽和官场的黑暗，他不能如愿以偿，其间几度做官又辞官，直到41岁时才做了有点实权的彭泽县令。可是只在任上干了80多天，又因为不肯"为五斗米，折腰向乡里小儿"而自免离职，从此终生隐居不仕。陶渊明的志气就在于不肯与东晋统治集团同流合污。

　　《老子》中有句名言："民不畏死，奈何以死惧之？"可见，"匹夫之志"是不可夺的。

　　前面说过，所谓志气，就是人们为了达到某种目的所具有的决心和勇气。但这目的一定是正义的，而出于非正义的目的，纵然有很大的决心和勇气，也不能称为有志气。很多专干坏事的坏家伙，至死不知改悔，硬是要带着花岗岩的脑袋去见阎王，要论决心和勇气也不算小，但这不能叫有志气，而只能叫冥顽不灵。

3.执着于自己的既定目标

君子坦荡荡，小人长戚戚。

——《论语·述而》

孔子说:"君子心地平坦宽广,小人经常忧愁局促。"在孔子看来,忠于自己的原则,不为利诱,不为物移,始终保持个体人格的尊严和目标的专一,就会感到内心精神充盈而无忧无惧。"坦荡荡"便是对君子这种精神状态的描述,它同小人(缺乏修养的人)的萎靡情绪形成了强烈对照。

在君子看来,恶劣环境只是一时的逆境,终有夜尽天明的时候;而对小人来说,那就是注定的命运,永远也无法从黑暗无望的环境中解脱出来。

鲁迅先生说过:"世上本没有路,走得多了也便成了路。"事实确实如此。路是人走出来的,但不是什么路都走得通。芸芸众生,每个人都有自己的秉性和特征,你必须根据自己的本质和需要,选择自己能完成的目标,用自己的脚步,踏出光明的前程。

经常有人问:"怎样才能拥有成功的人生?怎么做才能实现自己的抱负?"成功究竟是一种什么样的概念?拥有财富、权力就意味着成功吗?

生命每日向我们发出挑战,使我们的能力发展到极致。当我们贡献出我们的所有,我们就成功了。成功是在于做,而不在于得,这是最重要的理念。生命并没有要求我们必须出人头地,它只是要求我们在每个阶段的经历里竭尽全力。路是人走出来的,看清你走的路,把握自己,弄清楚自己想要什么,一步一步地跨出去,这就是成功之路。

成功的人接受生命的真相,接受生命所有的压力与挑战。他们不会因此而抱怨,而是去配合、适应这一切;他们从不责怪别人,也不制造借口,而是去承担生命的压力。不论何种境遇,即使身处逆境,他们也正面地迎上前去,搏斗一番,毫不退缩。

成功的人对生命的发展保持着一个肯定的态度。他们在别人身上及世界中寻找美好的一面,而且似乎总不落空;他们将生命视为一连串的机会与可能,并总是努力地去发掘这一切。

成功的人建立良好的人际关系。他们留心察觉别人的需要与感受,体谅及尊重别人；他们有能力使别人发挥出他的长处；他们有一种凝聚力，能使周围的人感受到温暖与和谐，使人们乐于帮助他们。

成功的人有一种方向感与使命感。就是说，他们明白该往何处前进。他们设立目标，但不是"空思妄想"，而是根据自己的实际情况设立现实的、通过自己努力可以实现的目标，然后埋头苦干，一步一个脚印地去完成它。之后继续设立新的目标，继续向它奋进。他们接受挑战并乐在其中，对自己始终充满信心。

成功的人对生命、世界、自己本身有极强的学习欲望。他们认为学习不是责任，而是享受；借着学习新的事物和改善自我，他们丰富了自己的生命。他们总是在挖掘、在成长。

成功的人有行动导向。他们不怕工作的艰辛和劳累，总是以极大的热情和强烈的责任感投入到工作中去。他们深知时间的宝贵，从不浪费时间，只求完成工作；他们积极地利用时间，不会落入俗套，也不会心生厌倦，因为他们生活得很充实，总在不断忙着追求新的体验。

纵观历史，那些成功人士都是在逆境中获得了磨练从而成就了一番事业。正如史学家司马迁在《报任安书》中所说："盖文王拘而演《周易》；仲尼厄而作《春秋》；屈原放逐，乃赋《离骚》；左丘失明，厥有《国语》；孙子膑脚，《兵法》修列；不韦迁蜀，世传《吕览》；韩非囚秦，《说难》、《孤愤》；《诗》三百篇，大抵圣贤发愤之所为作也。"并且，司马迁本人就是一个逆境成才的典型。

当代保尔张海迪因病高位截瘫，但是她以惊人的毅力与命运抗争。她学会了针灸，成了小有名气的医生；她自学了外语，翻译出版了《海边诊所》；她还通过了研究生考试，获得了硕士学位。美国的海伦·凯勒，眼盲耳聋，说话都很困难，但她却以优异的成绩从大学毕业，并成为了一名掌握英、法、德、拉丁和希腊五种文字，学识十分渊博的著名作家和教育家，她把毕生的精力都献给了世界残疾儿童的教育事业，被誉为20世纪杰出人物之一。

"自古英雄多磨难，从来纨绔少伟男"。对于发愤的人来说，"逆境"反而是磨砺意志的砥石、增长才干的激素；而对于意志薄弱者，对于在逆境中自暴自弃、自甘沉沦的人，逆境只能是他们的坟墓。无论置身于什么样的环境，明智的人都会透过密布的乌云，看到即将到来的灿烂阳光，从而执着于自己的既定目标，坚持不懈，奋斗不息，最终实现自己的梦想。

4.越到关键时候,越要志向坚定

子曰："岁寒，然后知松柏之后凋也。"

——《论语·子罕》

孔子说："天严寒以后，才知道松柏是最后落叶的。"我们伟大的革命家陈毅也写过："大雪压青松，青松挺且直。欲知松高洁，待到雪化时。"

古往今来，松柏的气节操守不知激励过多少英雄豪杰、仁人志士，其影响至今，妇孺皆知。

所谓"疾风知劲草，板荡识诚臣"，也就是"岁寒，然后知松柏之后凋"的意思。通俗地说，是指一个人要在艰难困苦的时候才看得出他的品质，而平常不一定看得出来。如著名的抗元英雄文天祥，他平时是一个风流才子，但在国家危难的时候，却表现出了令人崇敬的浩然正气，不仅写下了流传千古的《正气歌》和"人生自古谁无死，留取丹心照汗青"的著名诗句，还以身殉国，献出了自己的生命。

我国古代，十分重视"人各有志"。从流传至今的古籍中，我们可以知道，《尚书·舜典》中有"诗言志"的记载；《礼记·乐记》有"丝声哀，哀以立廉，廉以立志"之说，《诗经·关雎·序》亦云"在心为志"。

坚守志向，可能是每个人都知道的道理，但知易行难，真正做到的人并不多。有这样一个比喻：将人的个体比喻成计算机的硬件，每个人从生理角度上而言虽有差异，但并不大，科学家与普通人的大脑之间的区别比家狗和猎狗大脑之间的区别还要小。其实，决定一个人成败荣辱的关键在于"软件"，其中最关键的就是志向。一个人有了志向，并且坚定地做到不抛弃、不放弃，就一定会看到希望，迎来曙光。

浩瀚的沙漠中，一支探险队在艰难地跋涉着，更糟的是，他们的水已经喝完了。就在队员们感到绝望之时，队长突然从腰间取出一个水壶，对大家喊道："我这里还有一壶水，但在穿越沙漠前谁也不能喝。"沉甸甸的水壶从队员们的手中依次传递，之前濒临绝望的脸上又显露出了坚定的神色。一定要走出沙漠的志向支撑着他们踉跄着一步一步地向前挪动。最终，他们死里逃生，走出了茫茫无垠的沙漠。大家喜极而泣之时，久久凝视着那个给了他们强大支撑的水壶。队长在大家的注目下拧开水壶盖，缓缓流出的却是一缕缕沙子。他诚挚地说："只要心里有坚定的志向，干枯的沙子也可以变成清冽的泉水。"

志向有时徘徊于坚持与动摇之中，彷徨于前进与退缩之中。正如上面的故事中所提及的，几乎所有的队员都要失去求生的志向了，当出现外因干预后，队员们又重拾走出去的志向，一步一步地前行，终于走出了茫茫的沙漠。试想,在最关键的时候,如果没有这样的外力推动,会出现什么样的后果?也许,一出悲剧会就此上演。

那么,当处于进退两难、左右摇摆之时,我们应该如何继续坚守自己的志向呢?也许,下面的故事能给你答案。

一群青蛙决定爬到对面的大山上看看上面的风景,于是,它们一起出发。当爬到半路时,一些青蛙动摇了:"我们为什么要如此艰辛爬到山上去看风景,风景不都是一样的吗?"慢慢地,有一些青蛙退出了前行的队伍,到最后,只有一只青蛙坚持爬到了山顶。青蛙们为这只青蛙欢呼雀跃,问它怎样才能坚持到最后,它却并不作答。原来这只青蛙是聋子,它只知道大家决定一起爬山,中途没有受到外界的干扰。

保持内心的宁静,不受外界干扰,坚持做应该做的事,就可以做到坚守志向,实现自己的目标。诸葛亮写给他8岁的儿子诸葛瞻的《诫子书》中说:"夫君子之行,静以修身,俭以养德。非淡泊无以明志,非宁静无以致远。夫学须静也。"切忌急功近利,脚踏实地地去做人做事,自然就会少一些困惑,多一份坚定,同时,你也能在追求人生目标的过程中欣赏到沿途的风景,给内心带来真正欢愉。

人生的价值并不在于成功后的荣光,而在于追求本身,在于志向的树立与坚持的过程。坚守志向,犹如在内心撒下一颗种子,只要有合适的条件,种子自会生根发芽,破土而出。

5.相信自己是个非凡人物

子曰："何伤乎！亦各言其志也。"

——《论语·先进》

《论语·先进》中有一则孔子问其门生想成为什么人的故事：

子路先表示他的志向是要在3年之内令一个贫穷危困的国家强大起来，并使人民好义。

冉有比较谦虚，他只希望能在3年内使一个方圆六七十里的小国子民得到温饱。

公西华说他的志向是在诸侯祭祀时，当一位小相。

曾皙的志向却是在暮春时节，与五六个年轻人和童子六七人，简衣外游，放怀于山水，沐浴乘凉，歌咏而归。

所谓人各有志，不可强求，孔子是深知这一点的。他虽不希望他的学生都去当官发财，成为显贵，但也没有公开反对他们的志向，而只是叹息着说："我也认同曾皙的志向啊！"

你想成为什么样的人，就有很大可能变成这样的人。这是一种积极的心理暗示，是成功人生的起点。

一位叫齐格的成功的推销员回忆了如下经历：

在两年半前，我并不是一个出色的推销员，我的职业发生转变缘于

105

后来的一件事。当时,我参加了一个在北卡罗来纳州查勒提开办的由田纳西纳什维尔的梅里尔指导的全日制培训课程。那是一门很棒的课,但我早已忘记那些学来的特殊技巧了。一天晚上,我开车回南卡罗来纳兰卡斯特的家,准备一个晚餐展示会。我是很晚才回到家的,睡觉就更晚了,而且孩子哭闹了一夜。当早上5:30闹钟响时,习惯的力量将我拉出了被窝。当时我们住在一家蔬菜店楼上的小公寓里,我迷迷糊糊地看见窗外在下雪,而且地上的雪已经落得有20多厘米厚了,而我却要驾驶无空调的克莱斯勒汽车出门。那天早上,我像任何一个"聪明人"都会做的一样,又回到了床上。

当我躺着时,我开始意识到我从不曾误过或迟到过一次推销会。这时,母亲的话在我的耳边响起:"当你替人工作时,就得想方设法做好,做什么事都要全力以赴,要是不全力以赴,那就别做了。"《圣经》上也说:"我宁愿你是冰冷的或是火烫的。但你如果是温和的,我就要把你吐出去。"我迟疑着爬起来,开着车子向着查勒提出发,同时也是向着我不曾料到的一个全新的生活出发。

培训结束后,梅里尔先生将我留下,对我说:"你知道,我已经观察了你两年半的时间了,我从未见到过这样的浪费。"

我有些惊讶地问他是什么意思。他解释说:"你有许多能力,你可以成为一个了不起的人,甚至一个全国优胜者。"梅里尔先生的话让我有些飘飘然,但我仍有点怀疑,便问他是否真的那样认为。他向我保证说:"我绝对相信,如果你真正投入工作,真正相信自己,你能冲破一切困难获得成功。"

说真的,当我细细品味这些话时,我惊呆了。你必须理解我当时的处境,才有可能意识到这些话对我有多大的影响。当我是个小男孩时,我长得很小,即使在穿得最多时也没超过120磅。我上学后,从五年级开始,放学后和周六的大部分时间都在工作,运动方面也不是很活跃。另外,我还很胆小，直到17岁才敢和女孩约会，而且还是别人指定给我的一个盲目性约会。一个从小镇中出来的小人物，希望回到小镇上一年赚上5000美元，我的自我意识仅限于此。现在突然有一个受我尊敬的人对我说"你能成为一个了不起的人"。所幸的是，我相信了梅里尔先生，开始像一个优胜者一样思考、行动，把自己看成优胜者，于是，我真的就像个优胜者了。

梅里尔先生并未教给我很多推销技巧，但那年年底，我在美国一家拥有7000多名推销员的公司中，推销成绩列第二位。我从用克莱斯勒汽车变成用豪华小汽车，而且有望获得再次提升。第二年，我成了全州报酬最高的经理之一，后来成为了全国最年轻的地区主管人。

齐格遇到梅里尔先生后，并没有获得一系列全新的推销技巧，他的智商也没有提高多少，只是梅里尔先生让他确信自己有获得成功的能力，并给了他目标和发挥自己的信心。如果齐格不相信梅里尔先生，梅里尔先生的话对他就不会有什么影响。

相传，古希腊的大哲学家苏格拉底在临终前有一个不小的遗憾——他多年的得力助手，没能给他寻找到一个优秀的关门弟子。

苏格拉底在风烛残年之际，知道自己时日不多，就想考验和点化一下他的那位平时看来很不错的助手。他把助手叫到床前说："我的蜡烛所剩不多了，得找另一根蜡烛接着点下去，你明白我的意思吗？"

"明白，"那位助手赶忙说，"您的思想得很好地传承下去……"

"可是，"苏格拉底慢悠悠地说，"我需要一位优秀的传承者，他不但要有相当的智慧，还必须有充分的信心和非凡的勇气……这样的人选直到目前我还未见到，你帮我寻找和发掘一位好吗？"

"好的，好的。"助手尊重地说，"我一定会竭尽全力地去寻找，不辜负您的栽培和信任。"

苏格拉底笑了笑，没再说什么。

那位忠诚而勤奋的助手不辞辛劳地通过各种渠道开始四处寻找。可他领来一位又一位，都被苏格拉底一一婉言谢绝了。有一次，当那位助手再次无功而返地回到苏格拉底病床前时，病入膏肓的苏格拉底硬撑着坐起来，抚着那位助手的肩膀说："真是辛苦你了，不过，你找来的那些人，其实还不如你……"

"不不不，我怎能担此重任。您放心，我一定会为你找到一名优秀的继承人。"苏格拉底的话还没说完，便被助手诚惶诚恐地打断了。

听了助手的话，苏格拉底笑了笑，不再说话。

半年之后，苏格拉底眼看就要告别人世，最优秀的人选还是没有眉目。助手非常惭愧，泪流满面地坐在病床边，语气沉重地说："我真对不起您，令您失望了！"

"失望的是我，对不起的却是你自己。"苏格拉底说到这里，很失落地闭上眼睛，停顿了许久，才又毫无哀怨地说："本来，你就是最优秀的人选，只是你不敢相信自己，才把自己给忽略了，不知道如何发掘和重用自己……"话没说完，一代哲人便永远离开了他曾经深切关注着的这个世界。

虽然这只是一个传说，但其中深刻的寓意却让我们每一个人感慨至今。如果你坚持相信自己是一个非凡人物，并付出努力，最终，你必定会获得成功、幸福、健康，完成有价值的目标。

6.坚持到底，不可功亏一篑

子曰："譬如为山，未成一篑，止，吾止也。譬如平地，虽覆一篑，进，吾往也。"

——《论语·子罕》

用土堆山，只差一筐土而没有成功，前功尽弃，这是谁造成的呢？孔子回答："是自己。"

同样的道理，用土填平地，虽然现在才倒了一筐土，但如果锲而不舍地坚持下去，终将大功告成，这又是谁造成的呢？孔子回答："还是自己。"

毅力是一把磨刀石，虽然不起眼，却能把铁杵磨成针。毅力是一枚测金器，只有真金才能经得住考验，只有杰出的人才能被筛选出来。有些人虽志向远大，但坚持不了多久就退缩了；有些人坚持了一路，却在离目标仅有一小段距离的时候因为欠缺毅力，而在最后一刻选择了放弃。人生所经历的一切都在长期考验着我们的毅力，唯有那些坚持不懈的人才能得到成功的眷顾。

彼德·戈柏是索尼娱乐事业公司的总裁，这个企业的前身即是闻名全球的哥伦比亚电影公司。在竞争激烈的电影市场，彼德·戈柏与他的搭档钟·彼德斯共同为世界影视创造了一部又一部经典之作，奥斯卡金像奖的桂冠也多次被他们公司揽入怀中，彼德·戈柏也因此成为电影界最有能力且最受尊敬的人之一。

权威媒体评价彼德·戈柏说：他能在这样一个竞争激烈的行业中具有如此重大的影响力，一个原因是他具有其他人所未有的眼光，另一个原因就是他有一般人所不及的毅力。

拿电影《蝙蝠侠》来说，这部影片开拍之前，许多片厂主管都说这部片子毫无市场。他们认为除了小孩会去看之外，就只有蝙蝠侠这部漫画的书迷肯掏钱进电影院。经历了一次又一次的拒绝和否定后，这部影片险些胎死腹中。然而，戈柏和彼德斯不顾接踵而来的挫折、打击、失望和风险，终于坚定地走了下来，最终完成了这部电影。而这部其他人都不看好的电影，却成了当年的票房冠军。

再说著名影片《雨人》，这部片子在整个摄制过程前后换了5位编剧、3位导演，其中一位导演还是大名鼎鼎的斯皮尔伯格。之所以数次更换，是因为他们都认为观众不会有兴趣看一部全片只有两个人驾车横越全美国过程中的对话，何况其中一位心智还有问题。虽然一再遭受挫折，但戈柏始终坚持自己最初的想法。最终结果也证明彼德·戈柏是对的，该片囊括了奥斯卡金像奖的四项大奖。

有人说：毅力是影响人生最重要的一项因素，它的作用远超过个人的才华。许多人之所以未能成功，就是因为在差一点就能到达目标的时候放弃了。看看那些成功的人，他们无一不拥有超人的毅力。

有一个小男孩生长于旧金山贫民区，因为从小营养不良患上了软骨症，6岁时双腿变形，小腿严重萎缩。但是这个小男孩没有因为疾病而放弃自己要成为美式橄榄球全能球员的梦想，杰出的球手吉姆·布朗是他的偶像。

13岁时，男孩不顾双腿的不便，一跛一跛地到球场去为心中的偶像加油。比赛后，他在一家冰淇淋店里近距离看到了吉姆·布朗，那是他多年来所一直期望的。男孩大大方方地走到这位大明星跟前，大声说道："布朗先生，我是你最忠实的球迷！"吉姆·布朗和气地向他说了声谢谢。这个小男孩接着又说道："布朗先生，我记得你所创下的每一项纪录。"吉姆·布朗十分开心地笑了，说道："真不简单。"这时，小男孩挺了挺胸膛，眼睛里闪烁着光芒，充满自信地说道："布朗先生，有一天，我要打破你所创下的每一项纪录。"

听完小男孩的话，这位球场上的明星微笑着对他说："好大的口气，孩子，你叫什么名字？"小男孩得意地笑了，说："奥伦索，先生，我的名字叫奥伦索·辛普森。"

从那以后，奥伦索·辛普森靠着顽强的毅力同病魔抗争，坚持练球，心中只有一个目标：超越。十几年的坚持没有白费，奥伦索最终在美式橄榄球场上打破了吉姆·布朗创下的所有纪录。

是什么激发了男孩令人难以置信的能力？又是什么使一个行走不便的人成为了球场上的佼佼者？人生路上，我们首先做的事是订立目标，接着就是朝着这个目标坚持不懈地奋斗。记住，毅力能改写你的人生，能把看不见的梦想变成看得见的现实。

聪明的人并非都能成功，成功的人也不一定就比别人聪明。但可以肯定的是，成功的人一定比别人更有胆量和毅力。强者成功地开发了自己的毅力并有效地经营成功，弱者被自己的不坚持而打败。使人走向成功的因素很多，最关键的是你是否有毅力坚持下去，是否能战胜横亘在面前的困难。有了目标，不懈地努力，以顽强的毅力坚持下去，靠着毅力移山倒海，这样的你必定能够到达目标。

7.面对质疑,自己的路要自己走

子曰:"人不知而不愠,不亦君子乎?"

——《论语·学而》

对于冷嘲热讽,孔子反问道:"人不知而不愠,不亦君子乎?"人家不了解我,我却不怨恨,这不正是君子的风范吗?

孔子周游列国,想把他的政治主张加以推广,结果却处处碰壁。在周游途中遇到的许多人,如城门的看门人、耕田的农夫等,都对孔子表示不理解,甚至冷嘲热讽。

一次,子路外出办事,因晚归而在城外过了一夜。

第二天清晨进城,守门人问他:"你从哪里来?"

子路回答说:"从孔丘那里来。"

守门人便挖苦道:"就是那个明知做不到还要去做的人吗?"

还有一次,孔子与弟子找不到渡口,见路边有两个耕田的人,便叫子路去问渡口在哪里。

这两个耕田的人,一个叫长沮,一个叫桀溺。子路先向长沮打听,长沮问子路:"那位驾车的是谁?"

子路说:"是孔丘。"

长沮又问:"是鲁国的那位孔丘吗?"

子路回答:"是的。"

长沮讥讽道："他不是'圣人'吗？难道还不知道渡口在哪里？"

子路见长沮如此态度，便去问桀溺。

桀溺问："你是谁？"

子路回答："我是子路。"

桀溺又问："你是鲁国孔丘的门徒吗？"

子路回答："是的。"

桀溺便说："社会纷乱就像滔滔的洪水一样弥漫，谁能把纷乱的社会变革过来呢？与其跟着像孔子这样的躲避坏人的人东奔西走，倒不如跟着我们这样避于世外的人隐居不出来！"

说完，便不再理会子路，自顾耕田去了。

这样的事例很多。然而，孔子并不因为人们不理解他、嘲笑他而生气、怨恨。他懂得冷静地面对嘲笑，懂得如何在嘲笑中认可自我。他认为自己的主张是正确的，虽一时不能被人理解，但时间将会证明一切。

在子路碰了长沮、桀溺的钉子之后，回去告诉了孔子，孔子说："人总该有责任的，怎么能自顾隐居山林跟鸟兽同群呢？我不去跟人群打交道，又跟谁去打交道呢？如果天下有道，我也就不必如此栖栖惶惶，同你们一起寻求改革了。"

大多数人无法做到这样的豁达，他们在不被人肯定的时候很容易陷入自我否定——一旦遭到比较大的打击和失利，马上就会开始怀疑自己的能力，抱怨自己的处境，降低自己的目标，甚至觉得自己一无是处。

记住，除非你放弃自己，否则，没有谁可以真正让你一无所有！

即使别人再强势，剥夺的也只是你的某一个或者某一段时间的机会，那些压迫性的影响仅能让你暂时没有收获。此刻的你，只要不是自己倒下，绝对还有更多的选择在等待你去尝试。

贝多芬在被世人认可之前，曾拜在交响乐之父海登的门下学习。和大多数学生不同的是，贝多芬并未被老师头顶的光环所威慑到，反而总想进行一些突破性的尝试，改变古老的、墨守成规的创作乐风，让音乐解脱束缚。由于彼此固执己见，贝多芬和海登经常争吵不休。由于贝多芬当时师从于海登，按照常规，他创作的曲谱要写上海登的名字。但率直的贝多芬觉得自己并未在老师那里学到更有用的技巧和方法，所以，他在独立创作的《第二交响乐》上只写了自己的名字。此举使海登恼怒地辞退了这个胆大妄为的学生。

然而，就像贝多芬所说："一匹奔腾的骏马绝不会让苍蝇叮了几口后就裹足不前！"面对众人的批评，尽管充满了痛苦和困惑，贝多芬还是坚定地选择了搏击和对抗，让新音乐的风格蓬勃发展。

再次出发后，贝多芬不断进行音乐革新，随之而来的攻击也越来越多。但他没有花费时间去争辩和苦恼，而是跳过这些苛刻的指责，充分挖掘自己的潜力，谱写出了更多、更优美的乐章，最终赢得了世界的尊敬与热爱。

所谓时势造英雄，就是一个人跟随命运的波浪，把握机遇而创造成功。也就是说，在人际交往中，自己的态度决定了别人对你的态度。因此，当你想获取别人的肯定时，首先必须提升自己的价值，让自己从平凡中脱颖而出。要知道，即使轻渺如一阵细风，只要你永不放弃，一路积累能量，最后，即便是高山大河也会被你的凶猛折服。

不被人承认的时候，我们虽然没有光环，但我们有尊严、自信和乐观。当你低调地走过一段压顶的荆棘后，曾经满布伤痕的躯体会变得更强壮，这时，你便可以坦然地昂起头，用淡然的微笑对抗那些永远都存在的大小伤害。

美国国际商用机器公司(IBM)的创始人托马斯·沃森创业之前，曾在现代商业先驱约翰·亨利·帕特森的公司工作过。当他刚在公司取得良好业绩准备大展拳脚的时候，却遭到谗言陷害，被帕特森解雇。在那个难熬的时间里，沃森得到的帮助和安慰非常有限，但他强打精神，让自己用最好的状态和充分的准备应付未来的全新挑战。夜深时分，他总是一遍遍地告诉自己："我可以重新再来！我要创造另外一个企业，一定要比帕特森的还要强大！"

后来，沃森果然让这个誓言成为了现实。

面临挑战和烦恼时，最好的应对不是絮叨和抱怨，更不是无限夸大它的不良后果，而是应该安静地停顿下来，想一想最坏的结果是什么，目前的状态发展到了哪个程度，以及怎么改变眼前的不利。

现在，仔细回顾自己走过的日子，你会发现，那些当初对你不信任或敌视你的人，其实对你的影响大多是积极的。试想，如果这个人当时的判断是正确的，那么他的话语虽然冷酷无情，却能让你看到自己的不足，使你及时作出调整，得到一个良好的经验，为将来储存必要的能力；如果这个人的判断完全偏差，那么，你损失的只是短暂的利益，你甚至还可能因为别人的轻视而激发出自己的斗志，创造出奇迹。

无论如何，只要不因为别人对自己的不良评价而主动放弃，你就是一个胜出者。

8.从身边事做起,不要好高骛远

樊迟问知,子曰:"务民之义,敬鬼神而远之,可谓知矣。"问仁,曰:"仁者先难而后获,可谓仁矣。"

——《论语·雍也》

樊迟问什么是明智,孔子说:"致力于人世间该做的事情,对鬼神抱着敬而远之的态度,这就可以说是明智了。"樊迟又问什么是仁,孔子说:"有仁德的人总是先付出艰苦的努力然后才有所收获,这就可以说是仁了。"

孔子对"智"的回答,典型地表现出了圣人现实而理性的精神,一方面是"务民(人)之义",着眼于人间事;另一方面是"敬鬼神而远之",对于自己弄不大清楚的事情,既不轻易相信,也不盲目否定,暂且把它放在一边存而不论。前一方面是现实的精神,后一方面是理性的精神。为什么要这样呢?在《论语·先进》篇里,当子路问怎样侍奉鬼神时,孔子作了明确回答:"未能事人,焉能事鬼?"连近在眼前的人都没能侍奉好,谈什么侍奉好未知的鬼神呢?

凡事从眼前做起,从身边做起,不要好高骛远,不切实际地异想天开。

"智"的问题上是这样,"仁"的问题上也是这样。

所以,当樊迟问什么是"仁"时,圣人作出了"先难而后获"的回答。而且,不仅这次这样回答。另有一次,樊迟跟随孔子到舞雩台下去游览,当他问孔子怎样才能提高道德修养时,孔子照样回答说:"问得好!先事后得，非崇德与？"(《论语·颜渊》)意思是说，先做事后收获，这不是提高了道德修养吗？

先难后获，先事后得，用我们的话来说，就是没有耕耘，哪来收获？

勤劳的农民知道在春天播种，成功的人则知道在春天拟定计划，为自己找寻成功的动机。

有些人不喜欢做计划，因为他们觉得大多数计划常常还没来得及完成就中途夭折了，不如走一步算一步，反正船到桥头自然直。这种人大都是"光有想法，没有做法"。

而有些人则相信，要在做好计划之后才会有明确的目标，方向才不会走偏。万一中途有变卦，计划可以再修改，即使最后没有百分之百到达目的地，但至少能完成大半。"如此，你便能知道自己离目标还有多远，总比站在原地好！"一位成功的企业家如是说。这种人，坚持"先要有做法，尔后，想法就会逐一实现"。

行为学专家魏特利博士就曾经指出，一个人想要成功，必须具备下列三个条件：第一，先要拥有梦想，并把梦想写成明确的目标与计划；第二，融入知识，放进技术、经验与知识；第三，全力以赴，不要犹豫，立即行动。

魏特利博士观察发现，缺乏明确目标和动机的人，由于背后没有强大的信念支撑，每当困境来临时候，其意志很容易就会被瓦解。

计划是一种积极的行动力，它可以让你集中心力专注于目标上，避免受外力打扰。譬如，有些人非常容易见异思迁，很多不相干的事都想凑一脚，结果却忘了自己原先设定的目标。当你心有旁骛的时候，赶紧把你的"计划"拿出来，贴在最醒目的地方，如此就可以提醒你立刻回到轨道上，把那些无关的杂事一律抛开。

记住，心不在焉绝对无法让你完成任务，所以，一定要保持专心，不要让注意力分散到其他的事情上。

每年开春,张先生总是不忘在记事本上为自己定出一年内要达成的目标。通常,他的计划包含三大项:财务,今年预期的收入;事业,包括晋升、专业训练与进修;健康与家庭。

从小,张先生就很懂得替自己做计划。他的家境很不好,父亲是个连字都不认识的仓库管理员。但是靠着自己的努力,张先生不仅顺利念完了大学、研究生,还一口气拿到了七八张和会计、保险、管理相关的专业执照。

隔了两年,另一家公司来挖角,待遇足足是他原来的两倍,张先生却不为所动,坚持留在原地。不久,他的老板知道了这件事,意识到了这个年轻人的潜力,而公司正好面临改组,便将他晋升到了亚太区财务主管的位置。那年,张先生不过才26岁。

之后,张先生将事业阵地移转到台湾,历经福特汽车财务长、美商瑞泰人寿财务长,一直做到副总经理。观看张先生事业发展的曲线图,便不难发现他充分发挥了会计人"精打细算"的特色。"我对人生每个阶段都有很周密的计划,算得很精确,但是绝对不夸张。"他骄傲地说道。

从小到大,张先生始终谨记着一句座右铭:"绝对不要浪费任何一分钟在无价值的事情上面。"他非常清楚自己的目标,知道何时该选择"要"与"不要"。

他说,每个人在不同的人生阶段,需求都不一样,有些在别人看来很有价值的事,对自己却可能一文不值。譬如,在他们这个行业挖角、跳槽的风气很盛,很多人看到的只是一时的利益,却忘记了长远的目标,虽然赚到了钱,却也失掉了方向感,这种没有目标的人生不是他要的。

农民耕耘田地需要力气,你的人生目标当然也需要你努力去灌溉,给予充足的养分,才可能结出丰硕的果实。很多人在果树的种子才刚刚埋下去的时候，就开始计算自己会有多少收成，却忘记了在栽培的过程中需要定期除草、施肥。所以，计划拟订好之后绝不可偷懒，否则，你最后还是会一事无成。

9.至少拥有一样出色的"看家本领"

达巷党人曰："大哉孔子！博学而无所成名。"子闻之，谓门弟子曰："吾何执？执御乎？执射乎？吾执御矣。"

——《论语·子罕》

达巷的一个人说："博大啊，孔子！学问广博而无法称他为哪一方面的专家。"孔子听到后对自己的学生说："我专门做什么好呢？专门赶马车好呢，还是专门射箭好呢？我赶马车好了。"

在《论语·为政》篇里，孔子曾经说过"君子不器"的话，要求君子不要像一个器皿一样，只能派某一方面的用场，而应该博学且才能广泛，努力使自己成为能适应各个方面的通才。在这里，借达巷人的口，使我们知道，孔子不仅这样要求别人，他自己也是这样身体力行的。

这里牵涉到博与专的问题，这个问题仔细考究起来并不简单。实际上，博与专不是可以如此清楚地割裂开而让人选择的，尤其是进入现代社会后，一方面是分工越来越细，因而越来越需要专门的人才；另一方面是专业人才越来越需要有各个方面的知识和技能才能够"专"得起来。

所以，一方面的确如孔子所说：不要像一个器皿一样，只能派一种用场，而要使自己成为一个博学而多才多艺的人。但另一方面，如果没有哪方面的专长，或者说没有一技之长，在今天的社会里就会寸步难行，弄不好，就会成为人们所挖苦的"样样懂，门门瘟"。

所以，更为理想的追求实际上不是"博学而无所成名"，而是要既博学又要有所成名，用今天的话来说，就是又博又专，"样样懂，门门精"。

当然，要做到这一点，"圣人其犹难诸"，又何况我们这些等闲之辈呢？有的人以为，成功的人是什么都懂的人，认为一个人要获得成功一定要无所不知、无所不晓。然而，那种境界却又是自己可望而不可及，于是，他们便认为成功对自己是不可能的事。

其实，成功就是充分展示自己最大的优势。为了谋生，我们必须有一些看家本领。无论你打算干什么工作，都要培养自己独特的技能，拥有一项出色的本领，它或许能够给你带来一生的幸福。

辽宁省锦州市西北市郊的农村，有一个小姑娘叫吴桂花。也许是天生脑子笨，小桂花上小学时，算术、语文从未及格过。到了该上初中的时候，学校本不愿收，但在父母的百般恳求下，加上初中是普及九年制义务教育，学校最后还是勉强收下了她。但学校规定，如果一年内成绩没有进步，吴桂花就得自动退学。

一年到了，小桂花的学习还是没有进步，父母只好把她领回家。

一天，孩子的舅舅从城里来了，知道了桂花的情况，就把桂花带到他开的饭店去当服务员。那一年，桂花才15岁。几个月后的一天，舅舅来到一个雅间，看到桌子上摆着一小盘雕花，是用苹果雕的，造型十分别致，让人百看不厌。

舅舅边欣赏着雕花边问道："是谁雕的？"桂花说："是我。"舅舅一脸疑惑地看着她："真的？"桂花马上拿出一个苹果，当场雕了起来。她的刀法非常娴熟，只用了几分钟，一只雕花便做成了。

舅舅特别激动："真没想到，你还有这个特长。"桂花说："我家有个苹果园，我放学没事就到苹果园去。地上苹果多，我就拿一把小刀削着吃。吃不了，就削着玩，渐渐地就学会了雕刻。我天天去果园，从不间断，到现在已经七八年了。""太好了，这回你有用武之地了。"舅舅说。

此后，饭店的宴席上摆上了吴桂花的雕花，她雕的龙凤鲜花使席面增辉不少，顾客十分喜欢。当客人知道做出如此精致的雕花的人是个十几岁的小姑娘时，都惊诧不已。客人兴致高时，还会让吴桂花当场献艺。

吴桂花17岁那年，参加了在美国举行的世界宴会雕花大奖赛，一举夺魁。当桂花走下领奖台，记者们一下子都围了过来，争着问道："你的天才是怎么发展起来的？"翻译把问话告诉吴桂花，桂花回答说："我不是天才，我是一个笨女孩。老天只给我苹果，别的什么都没有了。"

一个人一生必须要有一样是出色的，这样，你才能有赖以生存的资本，因为你在那一方面别人无法替代。所以，你要保持自己最出色的这一方面，不要因为学习别人的长处，而放弃自己最有优势的这一点。

第六章

成也"三友"，败也"三友"

1.益者三友,损者三友

益者三友,损者三友。友直,友谅,友多闻,益矣;友便辟,友善柔,友便佞,损矣。

——《论语·季氏》

俗话说:一个篱笆三个桩,一个好汉三个帮。人生在世,离不了朋友。马克思曾经说过:人的生命离不开友谊,但要获得真正的友谊,却不容易。

"朋友"之中，固然有"道义相砥，过失相规"的"畏友"，"缓急可共，生死可托"的"密友"，但也有"甘言如饴，游戏征逐"的"昵友"，还有"利则相攘，患则相倾"的"贼友"。再者，如鲁迅所说，"骗子有屏风，屠夫有帮手"，他们之间，也可以称作"朋友"。

由于"朋友"有多种多样，慎重选择真朋友，就成了交友之道的第一要义。

陈毅曾说："难得是诤友，当面敢批评。"诤友，即"友直"，就是能够直言过失，互相批评劝勉的朋友。这是"益友"之冠，交朋友首先就要交诤友。古人说："人非圣贤，孰能无过！"其实，"夫过者，自大贤所不免"。犯了错误，能够有朋友及时指出来，帮助改正，甚至打打预防针，使之防患于未然，实在是人生一大幸事。

三国时期，东吴的吕岱和徐原就是一对诤友。吕岱有什么过失，徐原总是毫不客气地给以批评。有人看不惯，在吕岱面前议论，吕岱说："这正是我看中徐原的地方啊！"徐原去世时，吕岱痛惜流泪说："从今往后，我还能从哪里听到自已的过失呢？"

诸葛亮也有不少朋友，其中，他最敬佩的莫过于徐元直和董幼宰，何以如此？在《与群下教》中，诸葛亮说得很明白，他说："有的人不肯把对我的意见尽量说出来，只有徐元直不计较个人的得失，知无不言，言无不尽。另外还有董幼宰，他在幕府里做了7年事，看到我处事有不妥之处，能三番五次以至十次地提醒我。如果你们能做到徐元直的十分之一，能像董幼宰那样认真负责，忠于国家，便可以减少我的过错。"

诤友是最难得的、最好的朋友，交友就要交诤友。而对于"当面说好话"，以投人所好为能事的人，则是交友时需要警惕的。

再者，交友要多交一些学友。《学记》上说："独学而无友，则孤陋寡闻。"

"三曹"中的曹丕诗、文都不错，就很得益于学友、文友。他常与当时文人"行则连舆，止则接席"，从中获益不浅。其弟曹植也有不少学友、文友，每有著述，常请文友"讥弹其文"，并愿"应时改定"。曹植"才高八斗"，于此大有关系。唐代诗人李白与杜甫的友谊更是美谈，这两位诗坛泰斗一见如故，情同伯仲，同游山川，诗词唱和，"醉眠秋共被，携手日同行"。杜甫对李白"怜君如弟兄"，李白对杜甫"思君若汶水"，他们一起"细论文"，共同对唐诗的发展作出了卓越的贡献。

墨子在《墨子·所染》中把择友比作染丝。他说："染于苍则苍，染于黄则黄。所入者变，其色亦变，五入必，而已则为五色矣。故染不可不慎也。"

孔子打比方说："与善人居，如入芝兰之室，久而不闻其香，即与之化矣。与不善人居，如入鲍鱼之肆，久而不闻其臭，亦与之化矣。……是以君子必慎其所处者焉。"

为落实"慎其所处者"，他还提出了择友的标准："益者三友，损者三友。友直，友谅，友多闻，益矣；友便辟，友善柔，友便佞，损矣。"就是说，与正直、讲信义、见多识广的人交朋友，才能获得益处；与那种谄媚奉承、心术不正、华而不实的人交朋友，只会受到伤害。

2. 靠权势利益，交不到真正的朋友

朋友死，无所归，曰："于我殡。"朋友之馈，虽车马，非祭肉，不拜。

——《论语·乡党》

孔子的交友之道是重感情，讲原则。对朋友的临终关怀，一片至诚。把祭肉看得比车马还重要，因为祭肉与"孝"有关。用肉祭祀祖先后，这块肉不仅仅是一块可以食用的东西，这里面还包含了对祖先的孝道。从这个情况看，孔子交友时有一种很高贵的情操。

现代社会，急功近利者多如牛毛，急公好义者少之又少。很多人都是以利交友，友情的关系网以利益为基础。当赖以生存的共同利益不复存在的时候，这张关系网便会随之破裂。这种不稳固的"朋友关系"相互之间只有利用，自然禁不起风吹雨打，当无利可图的时候，朋友也就形同陌路了。

三国时期，孙刘联合抗曹，赤壁一战，曹操七十万大军转瞬化作飞灰，三足鼎立之势因此而成。而当曹操退守江北之后，孙刘两家却因为荆州归属矛盾渐生，最后刀兵相向。这便是"以利相交"的缘故。

细观孙刘联盟的原因，就是因为曹操威胁到了他们的生存，这生存便是他们共同的利益。曹操大败之后，生存的危机暂时解除，共同利益也就没有了，这脆弱的利益联盟土崩瓦解是早晚的事。

这正如王通所说："以势交者，势倾则绝；以利交者，利穷则散！"如果用权势去与人交朋友，当权势倾覆的时候，朋友关系也就断绝了；如果用

利益去与人交朋友，没有利益的时候，关系自然就散了。

一个犹太商人在二战期间面临生死危机之时，为了保全两个儿子的性命，希望在诸多朋友中找到愿意帮助儿子的人。

几百个朋友中，他发现只有两个人可能帮助他们。一位是德国银行家，是他生意上的合作伙伴，这位犹太商人还曾经对他有恩；另外一位，是一个住在德国乡下的农民，他是这个犹太商人年轻时的朋友，不过两人已经很久没有联系过了。

犹太商人思量再三后，决定让两个儿子去农民家中避难。半路上，小儿子决定去找银行家，他认为那个农民已经很久都没有来往了，一定不会帮助他们，而与银行家则经常往来，非常熟悉。兄弟两人意见不一，最终只得分道扬镳。

二战结束后，大儿子去寻找他失散多年的亲人。遗憾的是父母都已死在了集中营里。弟弟也因为被那个银行家出卖，而被纳粹处死。

这位犹太商人无疑是很聪明的，他很明白利益之交不可靠，所以他让两个儿子去找那位乡下的朋友，虽然那位朋友已经好多年没有再联系了。可惜，他的小儿子自作聪明，最后反倒是误了自己的性命。

那些整日围在你身边，和你交杯换盏、把酒言欢的，不一定是真正的朋友。而那些看似远离，在你快乐的时候不去奉承你，在你需要的时候默默为你做事的人，才是真正的朋友。

管仲，名夷吾，字仲，他幼年时，常和鲍叔牙一起游山玩水，交情深厚，相知有素。年轻的时候，管仲家里很穷，又要奉养母亲。鲍叔牙知道后，就找管仲一起投资做生意，本钱几乎全是鲍叔牙拿的。可赚了钱后，管仲却用挣的钱先还了自己欠的一些债，而到了分红的时候，鲍叔牙分给他一半红利，他也接受了。

鲍叔牙的仆人看了非常生气，就对主人说："这个管仲真是贪心，本钱拿的比您少，分钱的时候却拿的比您还多！"

鲍叔牙却对仆人说："不可以这么说！管仲不是贪财的人，他家里那么穷，又要奉养老母，多拿一点又有什么关系呢？"

管仲也曾从军出征，在战场上多次临阵脱逃。有人便讽刺管仲胆怯，鲍叔牙则极力为其辩解，说这是因为管仲家有老母，需要他孝养侍奉，故不能轻生。

在他们步入政坛后，管仲辅佐公子纠，而鲍叔牙则辅佐公子小白，后公子小白得齐国王位，称齐桓公。桓公要封鲍叔牙为宰相，但鲍叔牙却一再推辞，反而推荐管仲，自己则作为管仲的下属。后来，管仲果然助齐桓公成就了霸业。

南怀瑾先生将朋友分为三种，第一种为利害上的朋友，也就是我们说的利益之交；第二种是经济上的朋友，我们可以称之为通财之宜；第三种是道义之交。

利益之交，交情全都系之于利益，算不上真正的朋友；通财之宜说的就是朋友之间可以互通有无，不计较钱财得失，这是非常难得的；而最可贵的就是道义之交了，相识相交全在本心，完全没有一丝利害杂质。

管鲍之交被千古传诵，便是因为他们相知有素，而且丝毫不计自己的名利得失，堪称道义之交的典范。

3.好的友情,不是靠说出自己的隐私来维系

君子和而不同,小人同而不和。

——《论语·子路》

中国理想的与人相处之道,无庸置疑,自然是偏向君子淡淡之交。

《论语》则从另一个角度解释了这样的事情:"君子和而不同,小人同而不和。"亦即君子虽富协调性,却不做没有原则的协调;小人则刚好相反,容易妥协,却缺乏真正的协调性。

《论语》还有一句:"君子周而不比,小人比而不周。"君子对人表示真正的友好,却不偏袒;小人则偏袒,却缺乏真正的友好。

另外,《史记》里也说:"君子交绝不出恶声。"亦即即使绝交,也不说对方的坏话。

朋友间建立起一份真诚的友谊是一件非常美好的事情。伯牙鼓琴,子期知音,高山峨峨,流水净净。能够保持这份友好的情谊,使之经受住风雨的吹打,则更为难能可贵。

而随着距离的缩短,"金无足赤"的人类的瑕疵渐渐在友谊的光环中暴露出来,过深的了解使你发现了对方人性自私甚至卑劣的一面。于是,不和谐开始出现,被欺骗感和不忠实使你对友谊产生了怀疑,冷淡和争执又使友谊的根基受到了动摇,再难恢复其原来的亲密。这时,你便会懊恼:为什么要破坏相互间的距离美、和睦美。

好哥们鲁辉生意失败缺钱周转，刘路便拿出来了几万元帮助他。鲁辉知道刘路是倾囊相助，所以对他十分感激。也许是刘路的雪中送炭让他倍感温暖和亲近，之后的每晚，鲁辉都会打电话给刘路大吐苦水。刘路每天下班回家已经很晚了，还要花两三个小时陪他聊天解闷。说完他的事，他又开始说刘路家的事，而且上上下下的事他都要评论几句，大大小小的事他都要打听。

刚开始，刘路觉得他心情不好，只要问起，都会说上几句。可有一天他回到家里，发现妻子对他爱理不理，才知道鲁辉在电话里跟他妻子评论了不少他的家事，害得妻子以为他对她有意见。更糟糕的是，鲁辉会在半夜三更来找他，让刘路陪他去酒吧。

这样的日子持续了将近一个月，刘路再也受不了了，妻子、孩子的生活也受到了影响，对他牢骚满腹。刘路觉得自己现在自身难保，再也没精力帮他了。有一天，他也跟鲁辉大吐苦水，鲁辉非常尴尬，之后两人的联系越来越少，原本不错的友情也随之变淡了。

很多人误以为好友之间应该无话不谈，亲密无间，却不知道过多了解别人的隐私和过多介入别人的生活于人于己都是负担。

无论你和朋友多么知心，你都要明白"疏不间亲、血浓于水"的道理，你的朋友最亲近的人是他的配偶、子女和父母，而不应是你。

生活中常见的一幕是：约朋友周末出来聚聚，朋友说要陪老婆或女友，你便讥笑朋友"重色轻友"。其实，"重色轻友"也没什么不对，无论多要好的朋友，都不应占用对方太多的时间，不应过多介入对方的家事，不要经常性地无事拜访或经常做不速之客。

而且，生活中总会发生跟自己的朋友有利益冲突的时候，互相走得越近，伤害就越大。

都说君子之交淡如水，好的友情不是靠说出自己的隐私来维系的。

苏菲毕业后结识了琳达和凯蒂,她们在同一个单位工作,既是同事又是朋友,结下了深厚的友情,都说有相见恨晚的感觉。她们三个经常黏在一起玩,每晚都聊到半夜,像是热恋中的男女,一日不见如隔三秋。但就是这样,友谊竟也产生了裂缝。

有一天,因为到外地出差,苏菲和琳达单独住在一起,交谈中,她们俩才得知凯蒂很虚伪。原来,凯蒂平时在琳达面前总是说苏菲的不是,而在苏菲面前又净说琳达的不是,一直在破坏她们之间的感情。

至于谁是谁非,凯蒂的目的又何在,她们不得而知。总之,之后三个人再也无法回到最初的亲密无间了。

一位哲人说:"亲密的友谊,可以不拘礼节,此乃理所当然。但是,话虽如此,并非就此容许踏入他人绝对禁止入侵的领域。无论彼此的关系如何,都必须保持某种程度的礼节。"

距离产生美,虽然好朋友可以亲密无间,但也应给彼此留一个适度的空间。要尊重对方,不要妄意打探朋友的隐私,对朋友不愿多说的事不应刨根问底,更不能在别人面前说三道四。每个人都需要有一个独立的空间,有的人总想介入朋友的生活,这种行为就好像紧靠在一起取暖的两只愚蠢的刺猬,为了得到彼此的温暖,却忘记了自己身上长满了利刺,结果将对方刺得遍体鳞伤,自己也被扎得体无完肤。

朋友间应保持适当的距离。怀着关切的目光在旁边默默注视着他,关心着他,绝不过多干涉对方的生活,而在他需要的时候挺身而出,为他排忧解难,像一场及时雨一样滋润着他的心田,令他倍感轻松,这才是真正的朋友。

不要触及朋友的感情问题,因为你不可能同时站在两个人的角度上去考虑,也不会一个人体会着两个人截然相反的感受,更不可能感受到他们由相爱到分手、由海誓山盟变为分道扬镳的整个过程，所以你的评论是不客观的。

每个人都有自己的生活方式，无论多好的朋友都不能过多干涉朋友的爱恨。就算怀有很好的期许，有时候，有些话点到为止才是对对方的尊重。

距离产生美感，朋友之情再深，也不必天天黏在一起，因为相距越近，越容易挑剔对方的缺点和不足，忽视对方的优点和长处，长期下去，会导致矛盾摩擦甚至断交。有一定距离感的友谊更容易维持下去。

如果两个好朋友在事业上能够志同道合，在生活上能够互相关心，而在私人生活上又相对独立，彼此不打扰对方喜欢的生活，那才是一种高尚的友谊，相信这也正是我们作为别人朋友所要追寻的境界。

4.借石攻玉交良友

子贡问为仁。子曰："工欲善其事，必先利其器。居是邦也，事其大夫之贤者，友其士之仁者。"

——《论语·卫灵公》

子贡问怎样修养仁德。孔子说："工匠要做好工作，必须先磨快工具。住在一个国家，要侍奉大夫中的贤人，与士人中的仁人交朋友。"

南怀瑾先生说："孔子是晓得利用关系的。他要到某一国家去，达到某一个目的,先要和这个国家的上流社会、政府首长搞好关系,同时把社会关系搞好,然后才可以有所作为,达到仁的境界。"他认为,孔子这些话看起来是教人使用手段,事实上,任何人,任何时代,都是如此。但最重要的一点,是要为"仁",目的是做到"仁",是救世人。

一个人的力量终究是有限的,有时候,适当地借用别人的力量,来完成自己想做而做不到的事,也不失为一个成功的法门。

汉高祖刘邦在当上皇帝之后,曾经问他的臣属,说:"我和项羽争夺天下,项羽英勇盖世,但为什么最后得到天下的是我而不是项羽呢?"众人回答各有不同。高祖说:"你们都只知其一未知其二。在制定方略、取得长远胜利上,我不如张良;在治理国家、安抚百姓、稳固后方、使粮道不断绝上,我不如萧何;在带军打仗,战必胜、攻必克上,我不如韩信。但张良、萧何、韩信这样的人才却都能为我所用,这就是我成就大业的重要因素。而反观项羽,仅仅就一个范增,还不能充分地任用,这才是他丢失天下的原因。"

刘邦用人不疑,疑人不用。对于善谋断的张良,刘邦让他运筹帷幄,统领全局;对于会打仗的韩信,刘邦授之以兵马大军;对于善于治政的萧何,刘邦则让他管理钱财政事。正因为他这种海纳百川的气魄,让很多敌军部队中的人才都投奔过来,韩信、陈平等人曾经在项羽的帐下听用,因为项羽不善用人,这才投奔刘邦。

刘邦手底下的人形形色色,高低贵贱都有,张良是贵族,萧何是县吏,韩信是平民,陈平是游士,娄敬是车夫,樊哙是屠夫,灌婴是布贩,彭越是强盗……正是因为他能够知人善用,利用每一个人的优势,所以他才能推翻暴秦,战胜强楚,从一介布衣最后成长为一位千古明君。

古来成就大事的人,从不是孤军奋战者,他们能恰如其分地利用别人的能力,来办成自己的事,可谓是"借力"之中的高手。

三国时期的袁绍乃是公卿之后，袁家四世有五人位居三公之位，后群雄割据，势力最强盛的时候，其占据的北方四州之地是当时天下最强大的势力。可因为他刚愎自用，不能很好地运用手下的人才，最后在官渡之战中大败于曹操之手。

而与之相反的刘备，虽说是中山靖王之后，皇室苗裔，但其实也不过是个织席贩履的小贩，没有经世之才，亦没有万夫不当之勇，却能靠着别人的力量最终三分天下。他先是投奔公孙瓒，后又投奔徐州陶谦和河北袁绍，继而依附荆州刘表，借各方力量在乱世中生存，后又借助东吴的力量大败曹操，得以占据荆襄，为成就大业打下了基础。

《诗经·小雅·鹤鸣》中有云："他山之石，可以攻玉。"

在现代社会中，我们要做到取长补短广交友。不能总是盯着别人的缺点，不要计较对方的身份、辈分、阅历等，应多看看别人的优点和专长，在需要时，把别人的优势拿来为己所用，这样，既能弥补自身能力的不足，又有助于自己成事。

只要善于借力，任何人都能为你所用。一旦你掌握了这项本领，何愁得不到他人的帮助？

5.好邻居造就好生活

里仁为美。择不处仁，焉得知？

——《论语·里仁》

最好的邻居一定是最好的朋友，你可以与他共同交流生活的乐趣。一个人始终处于乐趣之中，这样的生活一定是舒适美好的。

孔子在此处说的"仁"就是仁爱，专指邻里之间要友爱，这样才能共同创造美好的生活。

俗话说，远亲不如近邻，家庭间的各种交往中，交往最频繁的就是街坊邻居。虽然没有血缘或亲属关系，但长年在一起的日常生活让彼此本来互不相识的关系得以拉近。如果邻里关系处理得当，能使大家的关系更为融洽，彼此互相帮助；反之，不讲公德，肆意妄为，胡搅蛮缠，搬弄是非，是不会有人愿意与其为邻的。

想要邻里关系和睦，具体需要做到以下几点：

(1)给邻居留下"好口碑"。

在日常生活中，要自觉爱护公共卫生，自觉参与社区公共活动，为维护一个好的生活环境尽一份力。在与邻里的关系中，答应办到的事要尽量帮忙，不能帮忙的事就不要夸下海口。切不可幸灾乐祸，看邻居笑话，更不要"气人有、笑人无"。同时，邻里之间还要讲信用，借邻居的东西一定要及时归还，如果因一时疏忽而延误了归还时间，应当面向邻居表示歉意。总之，在日常生活中，要逐渐树立起自己乐于助人的形象，给邻居们留下好口碑。

(2)不要影响邻居休息。

自己的兴趣爱好、生活习惯不能成为打扰邻居休息的借口。如在晚上9点以后不要唱卡拉OK，洗衣、洗菜的污水不要泼在邻里共用的路面上；无论是因为娱乐还是工作，都应尽量在23点前回家，如果半夜才回家，走路、说话都要轻声。这些看起来并不起眼的小事，如果不加以注意，最容易伤害到邻居之间的和气。

(3)以礼相待，平易近人。

与邻居相处，低头不见抬头见，所以要尽量对邻居以礼相待，平易近人,不要视若路人。见面后要主动和别人打招呼,平时对邻居不要苛求,谈得来就多交往,谈不来就维持一种有距离的友好态度。指桑骂槐是没教养的表现。对于邻居不合理的要求和做法,采取有理、有节的态度,合理地、妥善地解决处理。

(4)占用楼道有讲究。

遇到特殊情况需要临时占用楼道空间放些物品,必须先和相关楼层的邻居做好沟通。首先要说清原因,以及占用时间,得到邻居们的体谅与认可,才可以暂时摆放,并在事后及时清理。另外,易碎、易燃、易腐蚀、易腐烂和气味难闻的物品,以及体积太大影响上下楼的物品等不要放在楼道内,否则不仅阻碍通道,也是各种问题的隐患。

(5)养宠物的礼仪。

时下,很多人喜欢养宠物,虽然宠物可以给人们带来欢乐,但也要注意两个细节问题:首先要注意的是卫生。目前最常见的宠物就是宠物狗。由于狗时常随地大小便,所以遛狗的主人应带上塑料袋或者旧报纸等,将宠物的排泄物包好扔到垃圾箱内,保持公共场所的卫生和美观。二要注意安全。出门遛狗,要给狗拴上绳索,不要任它狂吠乱叫、追逐扑咬。遇到老人和小孩时要特别小心,以免对方受到惊吓。

(6)别让小孩影响邻居。

孩子大多活泼好动,喜欢又蹦又跳或者玩玩具,不会意识到激情"表演"的声响会给楼下邻居造成多大的影响。作为家长,你必须有意识地提前"防范",避免给左右邻居造成不必要的干扰:可以选择轻便软底的室内拖鞋;在地上铺上泡沫或者毛毯,避免孩子在蹦跳或者玩玩具时弄出太大的声响;如果孩子想拍皮球、玩乒乓球,则应该带他们到室外去玩;平时多教育孩子养成在家中轻放东西、轻声走路的好习惯。

此外,孩子比较调皮,如果打坏邻居家的玻璃,或在邻居家的门或墙上乱写乱画,家长应对子女进行说教,并登门致歉,给予赔偿。

(7)邻里串门要懂礼。

邻里之间,时间久了,就不会太注意彼此间的礼仪。但如果应邀去串门,礼仪是马虎不得的。如果是周六、周日到邻居家串门,上午10点之前是不宜打扰的;进门前有门铃的要按门铃,没门铃的要轻轻叩门,即使门开着,也不可贸然进入;如果是带小孩做客,一定要教育小孩不要在别人家里调皮、乱动别人东西。

如果对方是长辈或是第一次去别人家做客,主人没坐,客人是不能先坐的;如果家里有长辈,要主动和长辈打招呼;主人端茶、拿糖果招待的时候,一定要表示感谢;如果有长辈在说话,要用心听,不能随意插话;如果主人有看表、打呵欠等谢客表示,或者快到了吃饭时间,作为客人,要懂得主动起身告辞;如果是请邻居吃饭,那就要提前准备,而不要到了吃饭时间才匆匆忙忙去做准备,使人家觉得打扰了你。

6.有了好朋友,才有好成就

子曰:有朋自远方来,不亦乐乎?

——《论语·学而》

孔子说,有朋自远方来,不亦乐乎？

列宁说,无论你是什么肤色,就算你远在异国他乡,举目无亲,语言不通,但只要凭着《国际歌》——全世界无产者的歌,你就能找到自己的同志和兄弟。

正所谓"海内存知己，天涯若比邻"，做人必须懂得朋友之道。

要知道，朋友是最有利于我们开创事业的资本之一。有多少功成名就的人物，当初如果没有朋友的鼓励使他们牢牢地坚守自己的阵地，恐怕早已在他们事业生涯中的某些危急时刻放弃奋斗、偃旗息鼓了！如果生活中没有友谊，我们的生命将是一片荒芜贫瘠的沙漠！

法国著名诗人薛曼曾经写过一首诗，给予了朋友高度的评价：

"这是我生命中令人喜悦的发现，在旅途的每个转弯处，都有位朋友强壮的手臂，亲切地分担我的重担，助我向前，既然我无黄金以为回赠，便只有以爱做补偿，我唯一的祈求是，当我还活着的时候，上帝让我配得上我的朋友。"

"朋友，他会在你困难时雪中送炭，在你春风得意时锦上添花，朋友是夏天的凉风，是严冬的阳光……"

当然，从某种意义上来说，朋友也是一种财富，而且是最大的财富：他可以助你走上仕途，也可以使你拥有百万家财。虽然真正的友谊是绝对不能够用金钱来衡量的，但是从最功利的角度来看，他的确可以做到这一点。

维克多从父亲的手中接过一家食品店，这是一家古老的食品店，并且盛名已久，维克多希望它在自己的手中能够发展得更加壮大。

一天晚上，维克多在店里收拾，第二天他将和妻子一起去度假，他准备早早地关上店门，以便为度假作准备。突然，他看到店门外站着一个面黄肌瘦、衣服褴褛、双眼深陷的年轻人，典型的流浪汉形象。

维克多是个热心肠的人，他走了出去，对那个年轻人说道："小伙子，有什么需要帮忙的吗？"

年轻人略带点腼腆地问道："这里是维克多食品店吗？"他说话时带

着浓重的墨西哥味。

"是的。"维克多回答道。

年轻人更加腼腆了,低着头,小声地说道:"我是从墨西哥来找工作的,可是整整两个月了,我仍然没有找到一份合适的工作。我父亲年轻时也来过美国,他告诉我他在你的店里买过东西,喏,就是这顶帽子。"

维克多看见小伙子的头上果然戴着一顶十分破旧的帽子,那个被污渍弄得模模糊糊的星字型符号正是他店里的标记。"我现在没有钱回家了,也好久没有吃过一顿饱餐了。我想……"年轻人继续说道。

维克多知道眼前站着的人只不过是多年前一个顾客的儿子,但他觉得自己应该帮助这个小伙子。于是,他把小伙子请进了店内,不仅让他饱餐了一顿,还给了他一笔路费,让他回国。

不久,维克多便将此事淡忘了。过了十几年,维克多的食品店生意越来越兴旺,在美国开了许多家分店,他便想向海外扩展。可他在海外没有根基,一切都要从头开始,为此,维克多一直犹豫不决。

正在这时,他突然收到了一封从墨西哥寄来的陌生人的信,原来正是多年前他曾经帮过的那个流浪青年。

此时,那个年轻人已经成了墨西哥一家大公司的总经理,他在信中邀请维克多来墨西哥发展,与他共创事业,这对于维克多来说真是喜出望外。有了那位年轻人的帮助,维克多很快便在墨西哥开起了连锁店,而且发展得异常迅速。

珍惜友谊,哪怕只是偶然结识的朋友,也会让你享受到人生的温暖,甚至取得事业上的成功。

尽管西奥多·罗斯福具有非凡的个人能力,但是,如果没有来自于他朋友们强有力的、无私的和热心的帮助,仅凭他个人的力量,想要取得这么大的成就是很困难的。事实上,如果不是有他的朋友们,特别是他在哈佛大学所交的那些朋友们的倾力相助，他能否当选为美国总统还真是一个疑问。不论是在他作为纽约州长的候选人期间还是在他竞选总统期间，他的同班同学和大学校友都在为他不辞辛苦地奔波。在他所组织的"旷野骑士团"中，他获得了众多的友谊之手，他们最终在总统竞选中为罗斯福在西部和南部赢得了成千上万张选票。

可见，拥有真挚热心的朋友是一件多么幸福的事！他们总是细心地关注着我们的每一个兴趣爱好，他们会抓住每一个机会赞扬我们的优点，无私地支持我们；在我们不在的场合，他们会毫不犹豫地代表和维护我们的利益；他们会帮助我们克服自身的缺陷与不足，在听到有可能伤害我们的流言蜚语或无耻谎言时，他们会果断地予以制止和反驳；他们还会努力地扭转他人对我们的消极印象，给予我们公正的评价。总之，他们在漫漫的人生之路上总是推动着我们前进，或者是在关键的时刻助我们一臂之力。

朋友能够给我们绝大多数人的生活带来很多不同！有多少人因为背后有强有力的忠贞友谊的支撑而免于堕入绝望的谷底，因为友谊而没有放弃对成功的奋斗！又有多少人在即将走上轻生之路时，想到还有人深爱和信任着自己，从而回心转意，重新笑对人生！很多时候，来自朋友的鼓励或者是善解人意的话语会令你感到发自心灵深处的震撼和感动，并由此构成许多人生命中重大的转折点。

西德尼·史密斯说："生命是由众多的友谊支撑起来的，爱和被爱中存在着最大的幸福。"

7.朋友相处，重在"火候"

子贡问："师与商也孰贤？"子曰："师也过，商也不及。"曰："然则师愈与？"子曰："过犹不及。"

——《论语·先进》

子贡问孔子："子张和子夏二人谁更好一些呢？"孔子回答说："子张过分，子夏不足。"子贡说："那么是子张好一些吗？"孔子说："过分和不足是一样的。"

其实，和朋友相处也是要讲究方法与策略的，不能一意孤行。在《论语·里仁》中也有类似的话："事君数，斯辱矣；朋友数，斯疏矣。"你每天都和领导在一起，那么你距离失宠也就不远了；你天天在你的朋友耳朵边唠叨，那么你距离你们关系的疏远就近了。

事实上，朋友相处也好，和领导同事相处也罢，甚至是和自己的亲人相处也不例外，你看似好意的规劝，对方不一定肯买你的账，凡事适可而止是一种聪明的处世方式。比如，你的朋友交了一个男（女）朋友，你通过自己的经验或者是别人的忠告得出对方很不可靠的结论。你为了朋友的利益，担心他（她）受伤害，恨不得他（她）立刻离开对方才好。可惜的是，你的忠言并没有引起朋友的重视，他（她）甚至认为你是多管闲事，因为这是他（她）的私生活。这是很多人不能忍受的地方。

有一次，子贡来请教孔子交友之道。孔子回答他："如果你的朋友有错，或者是有一些缺点，你一定要告诉他，给他忠告，这是你作为朋友的责任。但是，如果对方不听你的建议，你就要适可而止，不要再固执地劝说，否则，不但你的朋友不会改正错误，连你们的友谊也有可能就此结束。"

生活中，朋友不听劝告的例子不胜枚举。而在职场中，很多人对同事的劝告其实也常常无动于衷、不理不睬。在这样的情况下，我们又何必自取其辱呢？对朋友、对同事、对领导，只要尽到自己的责任就可以了，再多的话都要学会咽下去，不能因为不太重要的事情而破坏了彼此多年的感情。但是，明知对方犯了错却不提出来，这样做也不好。因为你没有尽到自己的责任。该自己做的做到位，也就没有什么对不住人的地方了，天长日久，你的朋友或同事总会明白你的良苦用心，那个时候，他自然会觉得你这个人值得一交，这样不是两全其美吗？

这种态度其实很符合孔子提倡的"中庸之道"，他认为凡事都要适可而止，太过了与不及是一样的道理。对朋友，对家人，对一切人和事，都要把握住合理、合适的度。尤其是当同事变成朋友的时候，公与私、义与利之间更要有一个良好的协调与平衡。

8. 别奢求改变对方

子曰："君子不重则不威；学则不固；主忠信；无友不如己者；过则勿惮改。"

——《论语·学而》

孔子说："君子如果做事轻率不厚重，就会失去威信；要坚持学习，不盲目塞听；以忠诚、守信为做人的准则；不与不如自己的人交朋友；犯了错误，不要害怕它，及时地改正它。"

上面这段是对孔子这句话的传统解释，不过对于"无友不如己者"这句，一直有很大的争议。

"不与不如自己的人交朋友。"儒家一向将"谦逊"奉为信条，这句话显然与孔子的为人准则相悖。

著名哲学家李泽厚在他的《论语今读》里也说，用逻辑中的归谬法就没法解释这句话，每个人都要跟比自己强的人交朋友的话，那从逻辑上来讲，就没人能有朋友了。所以，他一直将这句话视为《论语》中的糟粕。

南怀瑾先生对于这句话倒是给出了不同的见解，他说，"无友不如己者"并非指不要与不如自己的人交朋友，而是说不要看不起任何一个人，不要认为任何一个人不如自己，你身边的每一位朋友都有他的过人之处。

南怀瑾先生的这个解释看似与原文有些脱节，但深刻理解，就会发现，这正符合孔子"谦逊"的处世标准，与"三人行必有我师"之说正好前后呼应。

中国文化中，"友道"的精神向来都有"规过劝善"一说，认为朋友有了过错，就要想办法帮助改正，朋友有不足，也要想办法弥补，这才是真正的朋友。这当然不能算错，但这当中也涉及一个"度"的问题。

每个人都有自己的长处和短处，我们不能依照自己的标准去要求别人，不能因为朋友在某个方面做得不好，就要他一定要做到跟自己一样。因为很多别人可以做到的事情，我们同样做不到。

有个学生，他智商低、成绩差，经常遭到老师的批评和同学的嘲笑。到高二时，这位16岁的少年因为成绩太差，被学校劝退。回到家里，父母暗自叹惜，却也无可奈何。为了生活，少年只好出去找工作，可是没有人愿意聘他，因为他不聪明、学历低，只有初中文凭，也没有任何工作经验。

这一天，求职再次遇挫的他情绪低落到了极点。沉浸在痛苦中的他不知不觉地走进了一个公园，坐在一块石头上抽泣。这时候，一位老人向他走来，并主动和他搭话。他停止了哭泣，看了一眼这个老人，他注意到眼前的老人是一位残疾人，瞎了只眼睛，少了一条胳膊，装了一条假腿。

望着眼前这位可怜的老人，少年觉得他应该会是一个很好的听众，便把自己学业失败和求职不顺的遭遇全告诉了他。老人没有马上答话，而是吹起了口哨，没有想到的是，周围的鸟儿听到优美动听的哨声，都从四面八方聚拢过来，落在老人的肩上和附近的树上，哨声悠扬悦耳，鸟鸣嘤嘤成韵，哨声和鸟鸣声和谐地融为了一体。过了一会儿，老人停下来，告诉他："每个人来到这个世上总有一样比别人强，我有，你也一定有。"

后来，他以老人的话激励自己永不放弃，继续找工作。过了一段时间，他终于找到了一份修剪花草的工作，成了一名园丁。在这里，他的潜能得到了尽情的发挥，经他侍弄的花草不仅鲜艳美丽而且有灵性，经他整修的园圃别具一格。他的创造性工作得到了人们的赞赏。

这个少年自从选择了园丁这个职业，他的人生便开始了翻天覆地的变化。多年之后，这位少年成为了享誉全球的园艺师，他就是加拿大风景园艺家琼尼·马汶。

学生时代的"傻子"，最后却成为了园艺界的大师，这不正好说明了"尺有所短，寸有所长"的道理吗？人之五指各有长短，却各有各的用处，我们不能用食指代替大拇指,也无法用小拇指代替中指。正是因为个体的差异性,才有了不同的社会分工。

这个世界上的每一个人都是一个独立的个体,没有谁能够制定出适合所有人的法则与规定,我们那一套只适应于自己的做事理念,不可能适合所有人。朋友相交,要在相互学习中共同进步,而不是一方对另一方的单方面改造。

与人相处,最重要的是懂得"尊重"二字,尊重别人,同时也是尊重自己。我们不能将自己的标准、理念强加于人,因为每个人都有自己的人格,没有人是别人的附属。

第 七 章

人生需要机巧,内智不妨外愚

1.最忌自欺欺人,不懂装懂

知之为知之,不知为不知,是知也。

——《论语·为政》

知道就是知道,不知道就是不知道,这样才是真正的智慧。一句话表明了孔子对学习的态度。

古希腊著名哲学家苏格拉底也曾说过:"就我来说,我所知道的一切，就是我什么也不知道。"苏格拉底以最通俗的语言表达了进一步开阔视野的强烈愿望。

如果一个人对自己不明白的问题加以隐瞒，不去向别人请教，不懂装懂，那他就太无知、太虚伪了。人不懂并不可怕，可怕的是不懂装懂。世上没有一生下来就上通天文、下知地理、晓古通今的人，所有人都需要不断地学习探索，来充实自己。只有虚心向别人学习，不耻下问，才能不断进步。若像南郭先生那样"滥竽充数"，最终只能落个贻笑大方的下场。其实，对自己不知道的事情，坦率地说不知道，反而更容易赢得别人的尊重。

心理学家邦雅曼·埃维特曾指出，平时动不动就说"我知道"的人，大多不善于同他人交往，也不受人欢迎；而敢于说"我不知道"的人，则常常能表现出丰富的想象力和创造力。埃维特还说，如果我们承认对某个问题需要思索或老实地承认自己的无知，那么我们自己的生活方式就会大大地改善。

凡是聪明的人，都有勇气承认"没有人知道一切事情"的事实。他们面对不了解的事情能够坦然地说自己不知道，随后就去寻找他们所欠缺的知识。承认自己不知道无损于他们的自尊，对于他们来说，"不知道"是一种动力，促使他们积极采取行动，进一步了解情况，求得更多的知识。

有一次，一位外国人去旁听一位美国加州大学著名教授的演讲。演讲中，教授提出了他做的老鼠实验的结果。此时，一位学生突然举手发问，提出了他的看法，并问这位教授，假如用另一种方法来做，实验结果将会怎样？所有的听众全都看着这位教授，等着看他如何回答这个问题——要知道，他根本就没有做过这个实验。结果，这位教授却不慌不忙、直截了当地说："我没做过这个实验，我不知道。"

当教授说完"我不知道"时，台下响起了经久不息的掌声。

隐恶扬善是人的本能心理，所以大多数人会想尽办法来掩饰自己不知道的事情，宣扬自己知道的事，甚至为了隐藏自己的无知而摆出一副不懂装懂的姿态。殊不知，坦率地承认自己的无知，反而可以增加人们对你的信任和亲近。因为直截了当地说不知道，会给人留下诚实的印象，并且，敢于当众说不知道，其勇气实在令人佩服。

每个人的知识面都是有限的，学问上的精通是相对的，认知上的缺陷是绝对的。世上没有无所不知、无所不能的"全才"，尽管人们都在朝着这个方向努力。"知而好问，然后能才。"敢于承认对有些事情、道理"不知道"，正是求得"知道"的基础；"不知道"的强说"知道"，自作聪明，欺人自欺，最终只会贻笑大方。

有个美术评论家很喜欢大吹大擂，遇事不懂装懂。

有一天，那个评论家受一位知名人士邀请，去他家做客。这位名人家里来了许多美术界的权威，他们畅所欲言，谈笑风生。

不一会儿，主人拿来一幅画像说："这是我刚买来的毕加索的画，请诸位评论一下。"

于是，那个不懂装懂的评论家马上站起来说："色彩华丽，线条鲜明，果然是毕加索的画。你刚拿来的时候，我就看出是毕加索的画了。"

主人听完，再仔细看了一下画说："真抱歉，刚才我介绍错了，这不是毕加索的画，而是米开朗琪罗的作品。"

"什么？米开朗琪罗的？"

顿时，在座的各位看着那个评论家捧腹大笑。评论家满脸通红，不好意思地低下了头。

绝不要低估了不懂装懂的危害，因为它完全可能由一种个人品质而发展成为一种社会公害，遗患无穷。

2.话说"三"分,点到为止

子曰:"不得其人而言,谓之失言。"

——《论语·卫灵公》

孔子认为,在不知道对方的想法和立场的情况下,向对方毫无保留地兜出一片真情实感,你的坦诚和率真或许值得称赞,但做法却有欠妥当。很多人就是这样被那些工于心计的人利用的。

有句古话叫做:"逢人只说三分话,未可全抛一片心。"古人的意思很明白,让我们不要把心里的话全部说出来,最好是十分话说三分,留住七分放心里。

这是一种做人的智慧和说话的技巧,有所保留地说话是为了自身的安全。我们传承的是儒家文化,明哲保身乃中庸之道。

尤其是在职场中,面对谈判对手,更需要谨言慎行。沉默是金,雄辩是银,把握住心里的底线,有牌一张一张地慢慢出,有话一句一句地慢慢说,保住底牌不要被人翻出,留住心里话不要和盘托出,这样,你才能掌握主动权。一旦把自己的底线都暴露出来,商场如战场,一着不慎,便可能全盘皆输!

在平时的人际交往中,我们也必须注意自己的言行。就算再亲近的人或朋友,说话时也不能口无遮拦,毫无保留。

其实,不要说最真心的朋友,就是对自己最亲的父母和爱人,也不能"十话十说"。

比如,面对他(她)越来越苍老的面容,我们只能自我安慰地说:"嗯,还好，这几十年你都没怎么变。"这样的话能换来对方靓丽的心情，我们为什么不说呢？

比如，作为一名医生，他有责任对病人毫无保留地告知病情；而作为一名有职业修养的医生，他可以选择在什么时候和什么情况下对病人告知实情。如果对一个承受不了打击的病人说出他行将就木，那除了会使他的病情加速恶化外，没有任何好处。

再比如，作为一名职场人士，保守商业秘密、维护公司利益也需要我们三缄其口，该说的说，不该说的坚决不能说。在与商业伙伴应酬的时候，谈到公司业务要三思而后言。为了不冷场，你可以滔滔不绝地上讲天文，下讲地理，甚至来段明星绯闻都不打紧。你说得酣畅淋漓，听者听得兴致盎然，大家皆大欢喜，即便业务没谈成，也不会暴露公司商业机密，不会给自己招来麻烦。

会做人、会处世的人，他拥有的不只是做人的智慧，还有说话的智慧。语言圆滑不是缺点，有所保留也不是保守，大智之人以沉默为心声，聪明之人点到为止。在适当的时候，能做到话说三分、留七分，便是有德之人。想做一个高明的谈话者，还是想做一个滔滔不绝但令人反感的人，由你自己决定。

3.不显山露水，不卖弄聪明

子曰："吾与回言终日，不违如愚。退而省其私，亦足以发。回也不愚！"

——《论语·为政》

孔子说："我和颜回谈论了一整天，他从不提反对意见和疑问，就像一个愚笨的人。可是，我注意观察他课后的情况，却发现他很能发挥我所讲的内容，颜回并不愚笨！"

有大智慧的人，不显山露水，不卖弄聪明，表面上看起来很愚笨，实际却很聪明。

《小儿语》告诉我们："洪钟无声，满瓶不响。"俗话说："满罐水不响，半罐水叮当。"如果你留意观察，就会发现，生活中这种现象真是不少。有经验的教师都知道，课堂上发言最踊跃的不一定是成绩最好的，他们大部分有的只是"小聪明"，而非"大智慧"。

《老子》有句名言："大直若屈，大巧若拙，大辩若讷。"苏东坡补充说："大勇若怯，大智若愚。"

颜回不正是这样一个外愚内智的生动形象吗？

外愚内智是中国特有的大学问、大智慧，也是中国人特有的一种人生大境界。

"大智若愚，大巧若拙"，听起来好像是让人装笨装糊涂，其实不然，其中有着很深刻的为人处世的道理。

越是有本事的人，他们往往越低调，看上去就像什么都不会一样；而那些经常显摆自己无所不能的人，却往往一到关键时刻就腿软，什么都做不好。

明朝时，况钟以小吏的身份追随尚书吕震，吕震欣赏他的才华，便推荐他当主管，升为郎中，出掌苏州府。

况钟刚到苏州府时，假装不懂政务。府里的小吏们抱着公文，围着况钟，请他批示。况钟装作不知，瞻左顾右地问小吏，小吏说可行就批准，说不行就不批准，一切都听部属的。这些小吏以为况钟是个笨蛋，可以随意糊弄,所以都很高兴。

三天后,况钟召集部属,责骂道:"某某事可行,你却阻止我;某某事不可行,你却要我批准。可恶呀可恶!"说完就将这些小吏拷打了一番,丢在庭院里,结果死了好几个人。此番举动彻底震慑住了那些部属。之后,况钟对这些小吏重新考察,辞退了5个贪污的小吏及十几个愚笨、懦弱的人,苏州府从此大治。

人的一生精力有限,若事事较真,未免太累。不如"抓大放小",小事糊涂而大事精明,这样,既显得宽容大度,又能保全自己。

该糊涂的时候,就不要有所顾忌,一定要糊涂;而该聪明、清醒的时候,则一定要聪明。由聪明而转糊涂,由糊涂而转聪明,则必左右逢源,不为烦恼所扰,不为人事所累。

古时候有一位刺史,跟本州参军关系不好,所以参军总想找机会给刺史一个难堪。

有一天,刺史的家僮骑着马,从参军身边匆匆经过,没有下马请安,这在当时是一种非常失礼的行为。参军假装大怒,追上去,将家僮拉下马,用皮鞭一顿猛抽,打得家僮皮开肉绽。然后,他提着马鞭来见刺史,叙述完经过后,说:"我打了您的家僮,请让我解职回家吧!"

这等于是将了刺史一军:如果刺史不同意他解职,就输了一招;同意他解职,又有公报私仇之嫌,这等于是将把柄送到他手上。但这位刺史并非等闲之辈,他只是淡淡地说:"奴才见了官人不下马,打也可以,不打也可以;官人打了奴才,走也可以,不走也可以。"

参军不知所措。走也不是,不走也不是。他默思半晌,说不出一句话,只得躬身告退。此后,参军再也没有找过刺史的麻烦。

"走也可以,不走也可以",刺史对参军交来的棘手问题不明确表态,将决定权交给对方,等于反将对方一军。

这种"小事糊涂"的做法,不仅是一种处世态度,亦是健康长寿的秘诀之一。一个人每天都要受到或多或少、或大或小事情的纠缠,故生活中的种种矛盾很难避免。如果一个人遇事总是过分计较,一味地追究到底,硬要讨个"说法",烦恼和忧愁便会先自"说法"而来,久而久之,不利于身心健康。

4.欲速则不达

子夏为莒父宰,问政。子曰:"无欲速,无见小利。欲速则不达;见小利则大事不成。"

——《论语·子路》

子夏做了莒父邑的长官,问怎样治理政事。孔子说:"不要图快,不要贪小便宜。图快反而达不到目的,贪小便宜就办不成大事。"

公元前658年,晋国人以宝马美玉献给虞公,要求借道讨伐虢国。宫之奇以唇亡齿寒的道理劝谏虞公不要答应晋国的借道要求,但虞公贪图宝马美玉而不听劝谏。结果,晋国人灭虢国后在返回的途中又顺手灭了虞国。这是贪小便宜而坏大事的典型。

国家大事如此,个人事务也是一样,所谓"风物长宜放眼量"也就是这样的意思。但面对现实,谁又没有"近视"而急功近利的时候呢?所以,我们应把圣人的话当作座右铭，时常提醒自己。

不要企图一口吃成一个胖子，把所有事一次性做完的想法是不现实的，凡事都要分出个轻重缓急。

面对堆积成山的各种工作，你首先要做的不是直接上手处理，而是要将所有事按主次轻重列个顺序表，然后按表行事。有些人可能觉得列表很浪费时间，不如直接做，殊不知，不分主次只会让你更加手忙脚乱，进而浪费掉更多时间。

当然，在列表前，你首先要明白一个道理：紧急的事不一定重要，重要的不一定紧急。但不幸的是，许多人把自己的一生都花在了较紧急的事上，而忽视了那些不那么紧急但比较重要的事情。

所以，你在决定做事的顺序时，可以以自己的人生目标为依据，将有助于你实现目标的放在前面，以此类推，把所有事都排一个顺序。这样，每当完成一件事，就意味着你向目标又迈近了一步。

一天，一位公司经理来拜访卡耐基，想向他请教成功的秘诀。他进入办公室，看到卡耐基的办公桌上十分干净整洁，感到很惊讶。他问卡耐基说："卡耐基先生，你没处理的文件放在哪儿呢？"

卡耐基说："我所有的文件都处理完了。"

"那你今天没干的事情又推给谁了呢？"经理紧追着问。

"我所有的事情都处理完了。"卡耐基微笑着回答道。

看到这位公司经理困惑的神态，卡耐基解释说："原因很简单，我知道我所需要处理的事情很多，但我的精力有限，一次只能处理一件事情，于是，我就按照所要处理的事情的重要性列了一个顺序表，然后就按照顺序表一件一件地处理，然后就做完了。"说到这儿，卡耐基双手一摊，耸了耸肩膀。

"噢，我明白了，谢谢你，卡耐基先生。"

几周以后，这位公司的经理请卡耐基参观其宽敞的办公室，对卡耐基说："卡耐基先生，感谢你教给了我处理事务的方法。过去，在我这宽大的办公室里，我要处理的文件堆得如小山一般，一张桌子不够，就用三张桌子。自从用了你说的法子以后，情况好多了，瞧，再也没有没处理完的事情了。"

柯维指出：有效的管理就是先后有序。所谓"磨刀不误砍柴工"，事先制定做事的顺序表就相当于"砍柴"之前的"磨刀"，"刀"磨快了，"柴"自然就砍得快。所以，当你急不可耐地想要跳过"磨刀"的过程时，你就要想想，何为"欲速则不达"。

5.行动在先，说话在后

子贡问君子。子曰："先行其言而后从之。"

——《论语·为政》

子贡问孔子怎样才是君子。孔子说："行动在先，说话在后。"

真正的君子，就是要少说空话，多做实事。也就是"敏于事而慎于言"，凡事先做起来，然后再说，把实际的行动放在言论的前面，而不要光吹牛不做事，夸夸其谈。

语言的巨人，行动的矮子，这是圣人所不能容忍的。而且，大吹大擂对自己也没什么好处。

很多刚走上工作岗位的人希望自己从一开始就引人注目，于是不断夸耀自己的学历、本事、才能。可是，一旦别人相信了你说的话，形成心理定势之后，只要你工作稍有差错或失误，就会被人瞧不起。试想，如果一个本科生和博士生做出了同样的成绩，别人会更看重谁？所以，刚进入职场或换到新工作岗位的人，不应当过早地暴露自己。如果之前你一直默默无闻，那你只要有一点成绩，便能达到一鸣惊人的效果，这就是深藏不露的好处。如果交给你一项工作，你说："我保证做好！"这几乎和说"我不会"一样糟糕，甚至更糟糕。你应当说："让我试试看。"这样，当你顺利完成任务后，定会得到更高的评价。

某高校中，一个系里有两位成果颇丰的青年教师。一个爱吹嘘自己的成就，逢人便说又发表了几篇文章，学术成就有多高；另一个人几乎总是回避关于这个问题的提问，或者轻描淡写地说不多、不怎么样。其实，两个人在各自的学术领域里都已崭露头角，后者的文章更是经常成为学术界评议的对象，但他从来不曾将此拿出来吹嘘炫耀。结果，当两个人都抱着一摞杂志到系里申报职称时，别人却说："你整天吹嘘炫耀自己发表了多少多少文章，按说数目应该早就超过这些了，怎么才这么多。看看人家，平日一声不响，谁能想到他会发表这么多文章呢？"尽管两人发表的文章数量差不多，但后来还是第二个人先晋升了。

总是高调地自我炫耀要不得，但是，明明能力很强，却一再推说自己不行，表现得过分谦虚，也是不可取的。

如果你确实在业绩上大有突破，对单位的贡献也是众人公认的，这时候，向单位要求适当的报酬并无不可，你也可以借这个机会好好宣传一下自己，年轻人就要有这么豪放的一面。

要既不吹牛也不谦虚过度，表面上看来很简单，其实却不是那么容易掌握好的。因为大部分人所接受的教养一般总是偏向某一边的。

女孩小A性格十分外向,话很多,有时甚至聒噪得令人讨厌。但她的自我感觉总是很良好,就连自己那张并不怎么漂亮的脸,由她自己从镜子里看来也是美似天仙。她当然知道,作为一个年轻的下属,不该太过高调,但只要一开口,她就会不自觉地自我吹嘘。诸如"我的朋友是大学教授(其实是讲师)"、"某某领导非常器重我"之类的话时常挂在嘴边。久而久之,无论她说什么,别人都是将信将疑,甚至连她结婚的消息人们也是再三证实后才敢相信,这就是吹牛的恶果。

俗话说:"牛皮不是吹的,火车不是推的。"人在社会上的地位如何,贡献多大,归根结底要靠自己的真正实力。

小B的情况和小A则恰好相反。他的父母都是中学教师,自小就对他进行着比较严格的教育。但他实在太谦虚,无论什么事,明明有能力做,却总说"我不行,我不行",结果错失了许多很好的机会。每次评比,总有人想到这位老实人小B,但每次都被他推掉了。结果,虽然人人都说小B是好人,但他却失去了许多原本应该得到的东西。在现代社会的激烈竞争中,他显得非常不适应。

要掌握好不吹牛但也不谦虚过度的尺度,一是要看时间,决不要逢人就说自己如何如何行,也不要遇事就往后缩,一般情况下,还是谦虚一点好;二是要看场合,无论是同事见面还是亲友相逢,都不应该自我吹嘘,而在总结汇报、自我评定时,则一点也不能客气;三要看事实,无论何时何地都不能无中生有,也不能敷衍夸张,有什么讲什么,实事求是;四是要有气魄,认定属于自己的东西,就要毫不谦虚,大力争取,但不要为蝇头小利斤斤计较,即使有时是比较重大的事情,假如同事中确有比自己条件突出的人,但名额只有一个,大度地放弃它也不是什么坏事。

6.君子之行，能屈能伸

孔子曰："君子之行己，期于必达于己，可以屈则屈，可以伸则伸。"

——《孔子家语》

孔子说："君子的自我行为，期望在于一定使自己通达，需要受压抑时就压抑自己，需要舒展时就尽力舒展。"

孔子在这里告诉我们，做事时要谨慎，该"退"的时候要"退"，只是不要过分地"退"即可，这也是一种策略。更进一步说，就是要懂得遇事"能屈能伸"，就像弹簧一样，这样才能在职场上立稳。

史蒂文·布朗是美国著名的企业管理专家，他18岁时到一家房地产公司从事销售工作。公司要求每一位员工每天必须联系一处待售的房地产并将其登记在册。有一天，经理知道布朗当月仅联系到两处房地产时说："我真不理解，我想，我要是雇用个傻子，在他背上挂上一块牌子，那个傻子至少也能将两处房地产的售价带回来登记。"

面对这样的指责，布朗虽然气愤难平，但他却强压住了心中的怒火，静静地离开了办公室。他奔波了一天，在下班之前赶到经理办公室，将两处房地产待售登记表放到了经理的办公桌上。这一次，经理却轻描淡写地说："你最好明天再联系两处。"

尽管布朗当时恨不得杀了这个可恶的上司，但他还是压住了暴躁，仍然十分敬重经理。随着年龄的增长和阅历的增多，布朗逐渐成熟起来。

此时的他才明白,经理用的是"激将法",对于血气方刚的小伙子来说,激将法很有效。

布朗很明白自己的处境,知道在工作上要能屈能伸:做业务员时,他在为别人工作,所以虽然"恨不得杀了这个可恶的上司",但仍然"压住了暴躁",这是"屈";这使得他逐步成熟并成为美国企业管理专家,这就是他的"伸"。

身处职场,当你还只是一名普通的员工时,学会"屈"的技巧、"软"的艺术,对你会很有帮助。特别是和上司相处,一定要有被上司训斥的心理准备。每一个下属都会遇到上司对你发脾气的时候,面对这样的状况,有的人勇于承认错误,并立即改正,而有的人则与上司针锋相对,死不认错。这种情况下,前者一定会得到上司的谅解,而后者只会把事情弄得越来越糟。

当上司对你发脾气时,如果他的意见正确,你就必须承认错误,并作出改正的承诺,而不是为自己的错误辩解。上司最希望的是你能知错认错,把给工作带来的损失补回来。假如他的意见不当,你可以向他指出并且把事情向他解释清楚,告知他不应当对你发脾气。并且,当你与他达成谅解后,可为之提供一些解决问题的建议。不管怎样,你都要注意,面对上司的怒火,你千万不可暴躁,一定要压住自己的火气,不要和上司硬碰硬地对着干。

7.忍耐是为了蓄势待发

子曰："巧言乱德。小不忍,则乱大谋。"

——《论语·卫灵公》

孔子说:"花言巧语会败坏人的德行。小事情不忍耐,就会败坏大事情。"

"小不忍则乱大谋",这是孔子留给后世的一句名言。确实,缺少忍耐常常会使事情难以得到圆满解决, 甚至会因一时愤怒而酿成大错或大祸。古希腊哲学家毕达哥拉斯认为,人在盛怒下常常会做出不理智的行为。他说:"愤怒从愚蠢开始,以后悔告终。"培根则告诫道:"无论你怎么表示愤怒,都不要做出任何无法挽回的事来。"

从某种意义上说,忍耐是一种弹性前进策略,它是人生的延长线,就像战争中的防御和后退有时恰恰是迎取胜利的一种必要准备一样。

但是,"忍字头上一把刀",非意志极坚强者,很难把这个写起来极简单的字做到位。

1076年,德意志皇帝亨利与教皇格里高利争权夺利,斗争日益激烈,发展到了势不两立的地步。亨利想摆脱罗马教廷的控制,教皇则想把亨利所有的自主权都剥夺殆尽。亨利首先发难,他召集德国境内各教区的主教开了一个宗教会议,宣布废除格里高利的教皇职位。格里高利则针锋相对,在罗马拉特兰诺宫召开全基督教会的会议,宣布将亨利驱逐出教，不仅要求德国人反对亨利，还在其他国家掀起了反亨利浪潮。

一时间，德国内外反亨利的力量声势震天，特别是德国境内大大小小的封建主都起兵造反，向亨利的王位发起挑战。亨利面对危局，被迫妥协。1077年1月，他身穿破衣，骑着毛驴，冒着严寒，翻山越岭，千里迢迢前往罗马，向教皇忏悔请罪。

格里高利故意不予理睬，在亨利到达之前躲到了远离罗马的卡诺莎行宫。亨利没有办法，只好又前往卡诺莎拜见教皇。教皇紧闭城堡大门，继续给亨利吃闭门羹。为了保住皇帝宝座，亨利忍辱跪在城堡门前求饶。当时大雪纷飞，地冻天寒，身为帝王之尊的亨利屈膝脱帽，一直在雪地上跪了三天三夜，教皇才开门相迎，饶恕了他。

亨利恢复教籍，保住了王位。返回德国后，他集中精力整治内部，曾一度危及他王位的内部反抗势力被逐一消灭。在阵脚稳固之后，他立即发兵进攻罗马，以报跪求之辱。在亨利的强兵面前，格里高利弃城逃跑，客死他乡。

亨利能忍人所不能忍，终于忍而后发，摆脱了曾经的屈辱，并达到了自己的目标。可见，要成大事，关键在于一个"忍"字。

在职场中，我们同样要有忍耐的精神，因为人生纷扰不断，若总以"得理不饶人"的心态去面对，必然会让自己处于一种孤立的境地。因此，我们应该学会忍耐。

有一个叫爱地巴的人，他有一个特殊的习惯：每当和人起争执的时候，他就会以很快的速度跑回家去，绕着自己的房子跑三圈，然后坐在田边喘气。

爱地巴工作非常努力，所以后来他的房子越来越大，土地也越来越广。但不管房子有多大，只要是他生气的时候，他就会绕着房子跑三圈。

"为什么每次生气都绕着房子和土地跑三圈呢？"所有认识他的人心里都感到疑惑，但是不管怎么问他，爱地巴都不愿意明说。

许多年以后，爱地巴已经很老了，而他的房子也比之前扩大了好多倍，但他一生气，还是会绕着房子转。有一天，生气的爱地巴挂着拐杖艰难地绕着房子走，等他好不容易走完三圈，太阳已经下山了，爱地巴独自坐在地上喘气。

他的孙子看到后恳求他说："爷爷，您已经这么大年纪了，这附近地区也没有其他人的房子比您的更大，您不能再像从前那样，一生气就绕着房子跑了。您可不可以告诉我，您为什么一生气就要绕着房子跑三圈呢？"

面对孙子的疑问，爱地巴终于说出了隐藏在心里多年的秘密，他说："年轻的时候，我一和人吵架、争论、生气，就会绕着房子跑三圈，然后边跑边想：自己的房子这么小，土地这么少，哪有时间去和人生气呢？一想到这里，我的气就全消了，因为我要把所有的时间都用来努力工作。"

孙子问道："爷爷，那您现在年老了，又变成了这里最富有的人，为什么还要绕着房子跑呢？"爱地巴笑着说："我现在还是会生气，所以要绕着房子跑三圈，不过，我这次想的是：自己的房子这么大，土地这么多，又何必和人计较呢？一想到这里，心中的气就没有了。"

贝多芬曾说过：几只苍蝇咬几口，绝不能羁留一匹英勇的奔马。每一位优秀人物的身旁总会萦绕着各种纷扰，对它们保持沉默要比寻根究底明智得多。我们应当学习爱地巴，用忍耐来面对那些纷扰。

但是，忍耐不是逆来顺受，屈服于命运。生活的艰辛在人们的心中埋下了太多的隐痛，忍耐却可使人相信，风雨过后必见彩虹。忍耐，不是消极颓废，而是在沉默中积蓄力量，耐心等待最终爆发的那一刻。

生活中，有些事情或许你永远都不会习惯，就像职场中有些同事你永远也喜欢不起来一般。但日子你还是得一天一天地过下去,所以你必须学会忍耐。没有能力改变现实,就必须学会忍耐、适应,等一切都过去了,剩下的就是美好的未来。

当你开始恼恨上司的时候,当你打算责骂下属的时候,不妨好好绕着自己的办公室走上三圈。这样,你所看到的世界也许就和之前有所不同了。

8.学会变通,凡事无可无不可

子曰:"君子之于天下也,无适也,无莫也,义之与比。"

——《论语·里仁》

孔子说:"君子对于天下的事情,无可无不可,只要是符合正义的就行。"

世界上的事情,没有什么是非这样不可的,也没有什么是非不这样不可的,只要符合正义的原则即可。

这反映了孔子"毋必,毋固"、通权达变的思想。正如孟子对他的赞美:"可以仕则仕,可以止则止,可以久则久,可从速则速。"(《孟子·公孙丑上》)只有"义"是唯一的标准。所以,孔子被称为"圣之时",是识时务的圣人。

说得通俗一点,也就是凡事要取一种灵活洒脱的态度,只要不违背大原则，过去一点过来一点，先一点后一点，左一点右一点，无关宏旨，不伤大雅，也就无可无不可了。

一些人人称羡的发明家、企业家，和一般人最不一样的地方在于，他们勇于用创新的角度思考，并且积极掌握机会，让他们的人生和事业获得跳跃式的成长。

1972年，美国民主党大会提名麦高文竞选总统，对手是共和党的尼克松。后来，麦高文宣布放弃他的副总统竞选伙伴参议员伊哥顿。

此时，一个16岁的年轻人看到了这个机会，他立刻以5美分的价格买下了全场5000个已经没用的麦高文及伊哥顿的竞选徽章及贴纸。然后，他以稀有的政治纪念品为名，以每个25美元的价格兜售这些产品，并由此小赚了一笔。

这个年轻人成功的原因在于，他能非常迅速地把握机会。虽然他这种苦心策划没有造成社会民众的抢购狂潮，然而，就是这样的精神，使得这个年轻人日后能看到其他人没有看到的机会。这个年轻人，就是大名鼎鼎的微软公司的创立者比尔·盖茨。

事实上，有很多影响人类生活的发明，例如微波炉、圆珠笔等产品，都不是专业人士的杰作，而是一些普通人的神来之笔。这些发明使得人类的生活发生了极大的改变，更使发明者成为人人羡慕的创业家。这些人与一般人的不同之处在于，他们能从创新的角度思考，在自己的人生以及事业上追求突破，所以他们能达到今天的成就。

要有创新的思考角度，并不需要像爱因斯坦或是其他伟人一般，摒弃一切传统的看法。只要让脑筋转个弯，哪怕只是个小弧度。想在事业或生活上创造突破，秘诀是更聪明地做事，而不是更努力地工作。要更聪明地做事，就要学会创造性思考，并且努力落实这些想法。

如果有人问你,由2个阿拉伯数字"1"所能组成的最大的数是多少?你肯定很快就会回答说是"11";那么3个"1"所能组成的最大的数是多少?你也会很快就回答说是"111";如果再问由4个"1"所能组成的最大的数是多少?恐怕你还是会很快地回答说是"1111"。

这个答案对吗?难道就没有比"1111"更大的数了吗?认真思考一下,你就会知道,由4个"1"所能组成的最大的数应该是"11^{11}"。为什么你没有想到这个答案呢?这样的情况通常被我们叫做思维定势。这样的思维方式在我们每个人身上都存在,它可以使我们省去很多摸索的思考时间,提高思考的效率,但它却不利于创新思考。

要想有所创新,就必须突破思维定势。

1952年,日本的东芝电器积压了大量的电扇,7万多名职工为了打开电扇的销路,搜肠刮肚地想了很多办法,却一直毫无起色。有一天,一个小职员想到了一个办法——改变电扇的颜色。当时,全世界的电扇都是黑色的,没有人想到电扇也可以做成其他颜色。这一建议引起了东芝董事长的重视,经过研究,公司采纳了这个建议。第二年夏天,东芝推出了一批浅蓝色的电扇,在市场上掀起了一阵抢购热潮,几个月之内就卖出了几十万台。从此以后,在日本乃至全世界,电扇都不再是一副黑色的面孔了。

很多人以为成功是一小步一小步慢慢累积来的,其实这个观念并不完全正确。但大多数人深受这个观念的影响,并将它应用在生活和工作上,为了每天一点点的改进而感到得意。事实上,这很可能成为扼杀你成功的因素。

这个观念让你为了工作不断努力,总以为自己做得还不够。然而,你有没有想到,如果只是循着前人的模式前进,那些拥有庞大产业规模的经营者为何能领先众人？一小步一小步地做，或许是最安全的方式，但反过来想，为什么不跳过那些阶梯，创造一些跳跃式的突破呢？

一般人总以为跳跃是危险的，但事实上，跳跃也可以安全而快速。要创造跳跃式的突破，首先要舍弃目前惯有的模式，寻找周围被忽略的机会，并且学习其他产业创新的经营模式及想法。观察其他产业的经营模式之后，或许你会惊讶地发现，很多原则也同样适合你的事业。如此，你便能花同样的时间、人力及资本，达到更好的结果。

例如，大多数人都对麦当劳的创立人雷蒙·克罗克的名字耳熟能详，但实际上，克罗克并不是最先创立麦当劳的人。麦当劳最先由麦当劳兄弟所创立，但是他们未能预见麦当劳的发展潜力，将麦当劳的观念、品牌以及汉堡等产品卖给了从事销售工作的克罗克，让他继续经营。

克罗克以独特的行销策略，将麦当劳以连锁店的形态推广至全世界，变成了今天年营业额达数百亿美元的庞大企业。正是因为克罗克抓住了麦当劳兄弟原先忽略的机会，改变了原有的经营模式，才创造了自己事业生涯上的突破。

如果你以为，那些成功创新的人一定都是绝顶聪明的人，那你就错了。事实上，大部分的事业突破都是一般人在现有心智模式下产生的。关键不在于你够不够聪明，而在于你的态度：你是否愿意抓住机会，善加利用。

突破可能来自常识，一些看起来很普通的东西，只要敞开心胸去看，寻找更简单、更容易、更有效率的做事方法，就可以创造突破。

9.宠辱不惊,笑看风云变幻

子曰:"《关雎》乐而不淫,哀而不伤。"

——《论语·八佾》

孔子说:"《关雎》这篇诗,快乐而不放荡,忧愁而不哀伤。"

孔子对《关雎》一诗的评价表达了他对情感控制的看法,即凡事讲求适度的"中和之美"。《关雎》是写男女爱情、祝贺婚礼的诗,与"思无邪"本不相干,但孔子却从中认识到了"乐而不淫、哀而不伤"的中庸思想,认为无论哀与乐都不可过分,有其可贵的价值。做人如果也能达到《关雎》情感调和的境界,便是至真至善了。

县城老街上有一家铁匠铺,铺里住着一位老铁匠。时代不同了,如今已经没人再需要他打制的铁器,现在,他的铺子改卖拴小狗的链子。

老铁匠的经营方式非常传统,无论你什么时候从这儿经过,都会看到他在竹椅上躺着,微闭着眼,手里是一只半导体收音机,旁边放着一只紫砂壶。他每天的收入正够他喝茶和吃饭。他老了,已不再需要多余的东西,因此,他感到非常满足。

一天,一个文物商人从老街上经过,偶然间看到了老铁匠身旁的那只紫砂壶,那壶古朴雅致、紫黑如墨,有清代制壶名家戴振公的风格。于是,他走过去,顺手端起了那只壶。

壶嘴内有一记印章,果然是戴振公的。商人惊喜不已,因为戴振公在世界上有捏泥成金的美名，据说他的作品现在仅存三件：一件在美国纽约州立博物馆；一件在中国台湾故宫博物院；还有一件在泰国某位华侨手里，是他1993年在伦敦拍卖市场上以56万美元的拍卖价买下的。

商人端着那把壶，想以10万元的价格买下它，当他说出这个数字时，老铁匠先是一惊，然后很干脆地拒绝了，因为这壶是他爷爷留下的，他们祖孙三代打铁时都喝这壶里的水。

虽然壶没卖，但商人走后，老铁匠有生以来第一次失眠了。这紫砂壶他用了近60年，并且一直以为只是个普普通通的壶，现在竟有人要以10万元的价钱买下它，他有点转不过神来。

老铁匠有一只价值10万元的茶壶的消息迅速传播开来，他的生活被这件事彻底打乱了，他不知该怎样处置这只壶。当那位商人带着20万元现金再一次登门的时候，老铁匠什么也没说，而是招来了左右邻居，拿起一把斧头，当众把紫砂壶砸了个粉碎。

现在，老铁匠还在卖拴小狗的链子，据说，他已经106岁了。

林语堂先生说："我总以为生活的目的即是生活的真享受……是一种人生的自然态度。"保持一颗平常心，波澜不惊，生死不畏，于无声处听惊雷，超脱眼前得失，不受外在情感的干扰，喜怒哀乐，收放自如，才能体会到真正的自在。

就像我们平时工作，总会有因忙中出错而受到批评的时候，也会有安排得当、事半功倍而获得表扬的时候。但是，无论面对赞还是毁，我们都应该保持一颗平常心，保证自己高兴的时候不要得意忘形，失落的时候不要萎靡不振，做到胜不骄、败不馁。

第八章

学如逆水行舟，不进则退

1. 好学者，处处皆学问

　　哀公问："弟子孰为好学？"孔子对曰："有颜回者好学，不迁怒，不贰过。不幸短命死矣！今也则亡，未闻好学者也。"

——《论语·雍也》

　　鲁哀公问："你的学生中哪个最好学？"孔子回答说："有个叫颜回的学生好学，他从不迁怒于人，从不重复犯同样的错误。可惜短命死了！现在再也没有听说过比他还好学的人了。"

值得我们注意的是，在孔子说到颜回好学时，并没有说他文学如何了得、历史如何了得、语言如何了得，而是说他"不迁怒，不贰过"，既不迁怒于人，又不重复犯同样的错误。这在我们看来，完全是品德问题，而不是什么好不好学的问题。这又一次说明，在圣人门下，学习绝不仅仅是指书本知识、文化知识，还包括"德育"的内容。所谓"进德修业"，在儒学里，都是属于"学"的范畴。

说到"不迁怒，不贰过"，这6个字可真是我们一辈子都难以企及的修养。所谓不迁怒，就是当自己不顺心的时候，不把烦恼和愤怒发泄到别人身上，说得通俗一点，就是不拿别人做自己的出气筒。比如说，自己在外面受了气，不拿家人做出气筒；受了上司的气，不拿下属做出气筒，如此等等，那可真是难以修成的涵养。至于说不贰过，就是知错能改，不两次犯同样的错误，这更是难上加难的修养。能够做到这一点，不说必定是圣人，起码也是像颜回那样的贤人。

如果说"好学"的准则就是这些，还有谁敢说自己是"好学"的人呢？要修炼成仁者本色，就得不断添草加柴，贵在坚持，恒心永在。

你可能刚走出或即将走出校门，此时此刻，你首先是要找到合意的工作。不喜欢的工作，你不要它；喜欢的工作，它不要你。你不断地寄履历表、推荐函、参加面试，就这样来来回回折腾了半个月，好不容易，有一天，你终于在信箱里看到了录取通知。谁知，这才是苦难的开始。正式上班后，你经常被上司交付做一些无关痛痒的事，让你感觉自己可有可无，不被重视。虽然你在校成绩表现优异，但上司可不在乎你学业得了几分。连续几个月下来，你觉得非常不舒服，所有的事情都无法让你满意，觉得自尊受到了很大的伤害，你甚至开始问自己："我是不是还要继续干下去？"

心理研究人员指出，这是多数社会新鲜人普遍共有的现象——适应不良，尤其是从一个被保护的环境跳入另一个竞争性的环境。在这个阶段,社会新鲜人所受到的心理冲击是最大的。

美国著名的心理咨询师米歇尔女士做了一个比喻:这就好像过去所有针对你需求的体贴都结束了,你将进入一个完全不是为了容纳你而设计的竞技场。在工作世界中,尽管你仍如稚龄幼儿般,但椅子已是成人尺寸,而你被期望要尽早适应,"孩子"或"学生"的身份已不复存在。

在这个阶段,很多社会新鲜人脱离不了惶恐,不知道到底是自己选错了工作,进错了公司,还是自己能力不足,无法承担大任。而这才只是第一关,你却感觉自己已经快要败下阵来了。

其实,若是把整个生涯拉开来看,你未来的路还长得很,一口气吃不成大胖子,何必在刚起步的时候自己吓自己呢? 现在很少有人会在一份工作里待一辈子,绝大多数人一生中都会换好几个工作。所以,现阶段这些不愉快的经验只不过是你整个生涯里的一小段插曲罢了。

小吴是某大学的学生,对一个大学生来说,小吴的生活的确很忙。

早上8点,小吴固定到学校上课,一直到傍晚6点离开学校,转往一家补习班担任夜间导师,晚上10点下班回家,则开始研究当天的股市行情,并把相关资料输入电脑,一直要忙到深夜一两点才上床睡觉。周末假日,小吴也没闲着,几乎都是到建筑工地充当临时油漆工。小吴一个月所赚的钱,加起来大约在4万元上下,算是很不错的收入。

而其他的同学大都以打麻将、玩乐为重,小吴显得很拼命,也比较"社会化"。事实上,他的家境不错,足以供养他,不过,小吴坚持要自己赚学费、生活费。他说:"年轻要不要努力,完全看自己,至少,我不喜欢浑浑噩噩地过日子。"

虽然,很多人都说学生的天职就是专心把书念好,但小吴不这么想,他说:"我认为应该利用学生生涯提早规划自己未来的蓝图,否则,等到毕业或当完兵之后再来决定,就太慢了。"

　　根据小吴观察，平均有百分之六七十的大学生，对未来几乎没什么想法，一到毕业的关口就变得很彷徨，在念研究生、就业和出国中无从选择。即使选择了就业，也不知道该走哪一行。简言之，就是不知该何去何从。"所以，我很早就打定主意，要利用四年大学生涯多方体验人生，帮助自己找出兴趣和所长。"

　　小吴还算是一个用功的学生，他并没有为了赚钱而荒废功课，成绩一直维持在中上程度。另外，他同时拥有珠算和心算初段的资格。不过，他强调自己绝非是为了分数而念书，而是完全依照自己的兴趣来做选择。在学校里，他最喜欢听一些创业成功的企业人士演讲，认为"听一堂这种课，比听其他三堂课还管用"。

　　学企管的小吴认为，在学校里念了一大堆理论，但是，课本上的东西都是死的，必须靠自己去活用。他举自己投资股票为例："譬如，投资学上讲了很多种投资组合，如果我不实际去操作，怎么能够明白其中的奥妙呢？"

　　经过这些体验，小吴说，他已经很笃定自己以后要做什么了，他有信心，将来在起跑线上能交出一张漂亮的成绩单。

　　即使工作不如预期顺利，也别绝望，你只要顺着心中所想，迟早有一天会找到你的最爱。或许，有些人会在你的耳边不断叮咛："你该这样，你该那样。"也有一些人警告你："你不可以这样，不可以那样。"别管他们，任何值得你去做的事，你都尽管去做。你只要确定一件事：你为什么会待在这里？你是为了学习，而不是为了讨好别人。

　　即便是不合适的工作，也不妨试试看，只有在尝试错误中，你才能认清自己到底喜欢什么、不喜欢什么。不论是什么工作，目的只有一个——让你更了解自己。渐渐地，你会发现，你每次学到的东西都是在为自己积累筹码。

2. 切勿画地为牢，裹足不前

冉求曰："非不说子之道，力不足也。"子曰："力不足者，中道而废。今女画。"

——《论语·雍也》

冉求说："我不是不喜欢老师的学说，是因为能力不够。"孔子说："能力不够，会在中途走不动了的时候停止，可你现在却是画地为牢，根本就没有出发。"

走不走得到是能力问题，走不走却是心态问题。

画地为牢，裹足不前，这是浅尝辄止，自甘堕落。孔子对此深恶痛绝，所以当面驳斥了冉求的说法。

所谓"世上无难事，只要肯登攀"。一个人不管做什么事情，只要肯立志，坚决地去做，做到什么程度算什么程度，走到哪一步算哪一步，最终，总是会有所收获的。相反，凡事太功利，还没有起步就问终点何在、利益何在，期望值太高、太迫切，往往会产生畏难情绪，结果便很容易画地为牢，自己把自己限定在一个范围内，裹足不前，最终打退堂鼓了事。

哪怕"中道而废"，也比停步不前好。

有句俗话叫"活到老学到老"，这显然是来源于前人经验的总结。很多人以为离开了学校，学习生活就结束了。其实不然，开始社会生活本身就是另一种学习的开始，工作的过程就是一种学习和积累的过程，可以说，学习无处不在。现代世界的知识更新速度是如此之快，许多东西可能我们还没来得及了解就已经过时了，而如果不时时学习，那我们很快就会被社会所淘汰。

曾国藩说："盖士人读书，第一要有志，第二要有识，第三要有恒。有志则断不甘为下流；有识则知学问无尽，不敢以一得自足，如河伯之观海，如井蛙之窥天，皆无识者也；有恒则断无不成之事。此三者缺一不可。"

他认为"恒"最为重要，学无止境，若不持之以恒，必定半途而废。因此，"做事有恒，容止有定"，是他一生生活行为的准则之一。他认为："学问之道无穷，而总以有恒为主。"所以，每日无论公务多么繁忙，只要是定下的日课与月课，他都一定会坚持，从不将昨日的课程改为今天补做，也不因明日有事，而将功课今日预做。他认为，只有坚持不懈的人才会取得事业上的成功。

正所谓"活到老学到老，到老都是小学生"。"活到老学到老"是一种端正的、值得人们效仿的学习态度，而"到老都是小学生"则是真正能够做到"活到老学到老"的一个良好心态。没有这个低姿态，就不可能做到坚持不懈地学习。

人生的每一个阶段，甚至每一天、每一刻都需要学习，需要学习新东西来让生活变得丰富多彩，更有意义。

学问要通过不断地学习才能内化成自己的东西。一个人即使天赋再好，也不可能随便就将不是自己的东西据为己有，顶多是在学习的时候比别人快一些。同样的，一个人就算是天赋一般，但只要能坚持不懈地学习，便迟早会有成大器的一天。

人生需要不断地充电。整个社会都在不断前进，如果你不升级自己，唯一的结果就是被社会抛弃。只有不断地充实自己，我们才能让自己赢在起跑线上。

知识长时间地搁置，便会随着时间的推移而逐渐被淡忘，若是不回头温习，不吸收新的知识，只怕连仅有的一点知识也会荡然无存。因此，历史上，很多著名的大文豪老年之后的文章或者是诗词反而没有年轻时好，就是因为这个原因。

葛洪说："学之广在于不倦，不倦在于固志。"人的生命是有限的，而求学问是无限的。一个人有了一定的学问，又能够认识到自己的学识、能力还不够，从而不断学习、不断进步，那他的学问必将越积越多。学问积累得越多，就越有智慧，志向就会越来越大，成就也会越来越让人刮目相看。

曾经有人对爱因斯坦说："您可谓是物理学界空前绝后的人才了，为什么还要这样艰苦地学习呢？"爱因斯坦笑了笑没有说话，而是找来一支笔、一张纸，在纸上画上一个大圆和一个小圆，说："在物理学这个领域里，我可能比你懂的多一点。好比说这个小圆就像是你，而我则是这个大圆。然而，整个物理学识是无边无际的，小圆周长小，所以与未知领域的接触面小，他感受到的未知就少；大圆与外界接触的周长大，所以更能感到自己无知，从而更加努力去探索。"

学习需要有进取的精神，有了这种精神，人生才有意义。过去的成绩仅仅代表过去，我们应当关注的是未来。人应当在进步中体会自己的人生价值，体会人生的快乐，从求知中获得幸福和满足。由此可见，学习是一辈子的事情。人类社会越来越文明，作为个体的人，一生中需要学习的东西也就越来越多。

有人将人生比作一辆列车，唯有不停地学习，才能使生命的车轮不停前进，才能感觉到生命的动力，从而品尝到生命成长的喜悦。不学习的人生，就像列车抛锚一样，停在原地不动，只会慢慢生锈而已。

3.学以致用，求实务本

　　子曰："诵《诗》三百，授之以政，不达；使于四方，不能专对。虽多，亦奚以为？"

——《论语·子路》

　　孔子说："熟读《诗经》三百篇，交给他政事，却不能处理好；叫他出使外国，又不能独立应对。虽然读得多，又有什么用处呢？"

　　春秋时代，诗与政治、外交活动密切相关，无论是处理政事还是在外事活动中，往往都会引证"诗曰"，随口吟出，而能够切合适用。这是非常有意思的时代风气。它并不是要求政治家都成为诗人，更不是要求诗人来做政治家，而是因为诗里面包含了许多丰富的知识，且有表达情感、打动人心和审美、教育等多方面的功能，可以在政治、外交等场合起到超乎寻常的作用。尤其是经孔子删订的《诗经》三百篇，更是如孔子所说："诗，可以兴，可以观，可以群，可以怨。迩之事父，远之事君；多识于鸟兽草木之名。"所以，孔子号召"小子何莫夫学（诗）？"要求学生都要学习《诗经》。

　　不过，孔子从来都要求学习为应用而反对读死书的，正如他在《论语·学而》篇里强调的那样："行有余力，则以学文。""学"的目的是为了"行"。如果不能"行"，你书读得再多也是没有用的。相反，只要你能够言谈举止得体，行为方式得当，那就如他的学生子夏所说："虽曰未学，吾必谓之学矣。"

说到底,学习还是要求实务本,做到学以致用。

孔子所说的"道"有两个方面的意思:一是道德、道理,即一个人的行为规范;二是方面、方法,亦即事物的道理。

孔子把学习、掌握、实行"道"的程度区分为四种:一是共同学习的人群中,有的人并未懂得某些道理;二是部分人能够理解所学内容的道理,并掌握其方法;三是部分人能使用所学的方法,并坚持某种道义;四是部分人能随机应变,适应形势发展的需要。正所谓同样受教,得"道"各异。

学而不懂,等于不学,白白浪费了宝贵时间。这种人或因智力低下,或因不肯用功,或因基础知识太差,或因思想不专一。经过分析,找准存在问题,即阻碍学习的原因,而后有针对性地加以改进,或改变学习方法,或发扬"笨鸟先飞"的精神,或扫除学习的思想障碍,或发挥集体的力量帮助解决、克服影响学习的困难问题,终会学有所知、学有所获、学有所成。

能够学好理论并掌握其方法的人,关键在于应用。不能运用所学知识解决实际问题,那也等于白学。此种人需积极参加社会实践,向一切有实践经验的人学习,虚心地拜他们为老师,尽快把自己的理论转化为实际运用中的能力,方能成为理论与实践相结合的"行家里手"。

能够使用学得的知识,又能够坚持既定的道德标准,规范自己行为的人,可以成为某项事业的核心力量。这种人具有娴熟的技能,又朝着自己认定的目标,执着于事业上的追求,其前途必然一片光明。

至于最后一种人,即能够随机应变,适应形势发展需要的人,如果他们在取得一定成就的时候便保守起来;在获得一官半职或某种荣誉之后,便躺在"功劳簿"上睡起大觉;或者身居要位,便改变初衷,干起违法乱纪的勾当,那就会走上一条危险的道路。反之,如果他们始终遵循选定的方向,既孜孜以求地在事业上做出成绩,又根据时代的发展、社会的进步、科学技术日新月异的变化，而不断更新观念、革新技术，学习和掌握现代化的科学理论、管理方法、操作技能和经营手段等，紧紧把握时代的脉搏，坚持正确的原则，与广大群众同甘苦、共担风险，那他们就会成为社会的中坚、国家的栋梁、事业的中流砥柱。

今天，我们在形势逼人、形势喜人的内外情势下，不仅需要熟读"圣贤书"、能吟诗作赋的文人墨客，更需要能经邦治国、救济万民的经济人才和政治人才，但愿能有更多这方面的人才脱颖而出。

4.温故知新，受益颇多

子曰："温故而知新，可以为师矣。"

——《论语·为政》

孔子说："温习旧知识而能够获得新知识，就可以做别人的老师了。"

"学而时习之，不亦说乎？"说(悦)在哪里？就在"温故而知新"。

学习最重要的是获取心得，逐步达到无师自通的程度。换句话说，无师自通，就可以做别人的老师了。

所以，高明的老师总是致力于培养学生的自学能力。

"温故而知新"是一种反复研读、多方琢磨的过程。正所谓"读书百遍，其义自现"，好的书都经得起咀嚼，每咀嚼一回，便会悟出些真味，自己的见解也会越深。学问越精进，越读得出味道来。因而有位评论家说，少年时读塞万提斯的《堂吉诃德》会发笑，中年时读了会思考，老年时读了却想哭。

好的书是需要反复读的，英国桂冠诗人丁尼生每天研究《圣经》；大文豪托尔斯泰把《新约福音》读了又读，最后可以长篇背诵下来；马克·吐温旅行时必带一本厚厚的《韦氏大辞典》；白朗宁每天翻阅辞典，从辞典里面获得乐趣和启示……

"温故而知新"也是从过去看将来，以过去的时间领域所积累的经验为参照系，来因地制宜、因人制宜地制定实现未来目标的工作计划。但是，过去的经验不应该成为消极的"定势"，成为限制创新的包袱和累赘。囿于经验的成见，变得胆小、世故、迟钝起来，空失很多人生机遇，这种情形在现实生活中并不少见。所以，"温故而知新"贵在创新。

第二次世界大战期间，英国首相丘吉尔曾经说："战争中的每一次战斗都是独特的，需要对实际情况作深刻的分析。最容易通向惨败之路的莫过于模仿以往英雄们的计划，把它用于新的情况中。"在战争史上，由于照搬前人经验而丧师败绩的事例不胜枚举。唐朝房绾效法古制，用车战制敌，被安史叛军杀得一败涂地。20世纪30年代的法军统帅部，完全搬用第一次世界大战的经验，在法西斯德国的闪击下溃不成军。相反，那些被人称道的成功战例，如韩信的背水为阵、刘伯承的重叠设伏等，都具有惊人的创新之举。

历史没有完全的翻版，经验更不能百试百灵，唯有在以往经历的基础上加入新的成分和创意，才能做到无往而不利。"温故"不是一味重复，而是要"知新"，这样才"可以为师矣"。

5.既要读书，又要思考

子曰："学而不思则罔，思而不学则殆。"

——《论语·为政》

　　孔子说："只读书不思考就会迷惘，只空想不读书那就危险了。"

　　这两句话阐明了学习和思考的关系，只学不思或只思不学都容易陷入迷惑而无所获。

　　只读书不思考是读死书的书呆子，只空想不读书是陷入玄虚的空想家。书呆子迂腐而无所作为，空想家浮躁不安而胡作非为，两者皆不可取。

　　所以，儒者主张既要读书，又要思考。

　　读书需要有质疑精神，就如孟子所说的："尽信书，则不如无书。"孟子的话，就是告诫我们不要迷信书本，对于书中所言，不仅不要轻信，还要多问几个为什么，进行一番仔细的甄别和思考。

　　读书做学问，怕的不是有疑难，而是终日读书没有疑问。书上说什么就信什么，是不会有进步的；书上说什么，不懂装懂，是无法进步的。知识并不等同于智慧，要真正使自己成为有智慧的人，就必须学会思考。现实中的"书呆子"只因书读多了，思维能力渐渐丧失，结果只知按照书本办事，自然就成了呆子。

　　所以，在开卷而读后，还要掩卷而思。

　　清代戴震指出："学者当不以人蔽己，不以己自蔽。"意思是说，读书人头脑要清醒,不要让别人的观点蒙蔽住自己的思想,当然也别自己蒙自己。戴震后来能成为一代宗师,皆因他在童年时期就表现出了这样的本能。

据说戴震10岁时,老师教他读《大学章句》。读到一个地方,他问老师:"怎么知道这是孔子所说而由曾子转述的呢?又怎么知道这是曾子的意思而被其门人记录下来的呢?"老师说,前辈大师朱熹在注释中就是这样讲的。戴震就说:"朱熹是南宋时的人,而孔子、曾子是东周时的人,中间相隔约两千年,朱熹是如何知道这些细节的呢?"老师无言以对。

这也恰如梁启超在《清代学术概论》中所言:"盖无论何人之言,决不肯漫然置信,必求其所以然之故。"古人曾这样总结:"读书贵能疑,疑乃可以启信。读书在有渐,渐乃克底有成。"

没有怀疑就没有超越,没有怀疑就没有创造。怀疑是一种基本的读书态度,也是一种勇敢的读书精神。读书时,要对书中的知识敢于怀疑,认真分析,这样才能既进入书中,又跳出书外;既不盲目信古,也不轻信新学说。简言之,就是不能人云亦云,要学会批判扬弃。

数学家华罗庚在休息之余爱读唐诗。他不光是读,还常提出疑问。唐朝诗人卢纶有一首《塞下曲》:"月黑雁飞高,单于夜遁逃。欲将轻骑逐,大雪满弓刀。"他读这首诗时,心中觉得纳闷:群雁在北方下大雪时早已南归,即使偶有飞雁,月黑又如何看得清呢?于是,他就作五言诗质疑:"北方大雪时,雁群早南归。月黑天高处,怎得见雁飞!"此诗一发表,立刻被许多报刊转载。

过了不久,又有一些人提出反质疑。他们认为卢纶的诗是对的,而华罗庚的质疑是错的。理由是,唐朝时,许多边塞诗人都写过大雪天有飞雁的诗句,如高适写的"千里黄云白日曛,北风吹雁雪纷纷",李颀的"野云万里无城郭,雨雪纷纷连大漠。胡雁哀鸣夜夜飞,胡儿眼泪双双落"。这样的反质疑有根有据,也颇能使人信服。

古往今来,有人埋头死读书,熬白了头发,却毫无建树;但也有人读书有疑甚至主动质疑,深入研究,从而获得成功。宋代著名学者陆九渊曾说:"为学患无疑,疑则进。"读书既要有大胆怀疑的精神,又要有寻根究底的勇气和意志,更要有科学认真、严谨踏实的态度,如此才能真有收获。那种食而不化,只读书不求甚解的做法,潇洒是潇洒,只怕未必能于学问有所长进。

清代著名戏曲理论家李渔,儿时读《孟子》中的一句"自反而不缩,虽褐宽博,吾不惴焉",再看朱熹的注释:"褐,贱者之服,宽博,宽大之衣。"

李渔十分纳闷,因为他自小生长在南方,所见的"衣褐者"多是富贵之人。于是,他向老师提出质疑:"褐是贵人所穿,为何说是穷人的衣服呢?既然是穷人的衣服,那就当处处节约布料及人力,却为何不裁成窄小的反而却如此宽大呢?"老师默然不答。李渔一再追问,老师只是顾左右而言他。

李渔颇感失望,疑问数十年未解。直到远游塞外,才终于揭开谜底:原来,塞外天寒地冻,牧民自织牛羊毛以为衣,皆粗而不密,其形似毯,所以"人人皆褐"。可是牧民为什么不知节约物力人力,一律穿那"宽则倍身,长复扫地"的"毯"式服呢?原来,这种服装是日当蓝衫夜当被的,"日则披之服,是夜用以为衾,非宽不能周其身,非衣不能尽覆其足。"

明人陈献章说:"前辈谓学者有疑,小疑则小进。疑者,觉悟之机也。"

叶圣陶先生也说过："教任何功课，最终的目的都在于达到不需要教，自能读书，不待老师讲。"

疑能增进兴趣。读书如能以疑见读，其味无穷。疑是获得真知的先导，是打开知识宝库的钥匙。著名科学家李四光有句名言："不怀疑不能见真理。"一般来说，大胆见疑与科学释疑往往是连在一起的，问题是在怀疑中提出的，又必然会在深入研究中解决，而问题的解决便是获得真知灼见的开始。

但是，提倡读书有疑，并非是不从客观实际出发，违背科学原理的胡猜乱疑，而是要疑得正确，疑得有长进，还要善于疑。否则，当疑时不疑，不当疑时又乱疑，非但得不到任何知识和长进，还会把思想引上歪路，这绝不是我们应取的学习态度。

明代人陈鎏说："读书须知出入法：始当求所以入，终当术所以出。见得亲切，此是入书法；用得透脱，此是出书法。"

学是入书，思是出书。出入有道，学业可成。

爱因斯坦在总结自己的成功经验时说，学习知识要善于思考、思考、再思考。他创立狭义相对论时，据说就经过了10年的沉思。只是学习，没有思考，没有消化、整理、提高，那你学到的只能是杂乱无章的知识的堆积，不可能形成实际的效力。

书是前人经验的总结，读书是汲取前人经验的过程，但不能自己囫囵吞枣、生吞活剥；书籍和经验是前人智慧的结晶，亦不能置之不理，一味蛮干。会读书，也要会思考，这就是我们前面提到的既要进得去，也要出得来。

6.求知,任何时候都不会晚

朝闻道,夕死可矣。

——《论语·里仁》

孔子说:"早晨知道真理,就是晚上死了也是可以的。"孔子在这里强烈地表达了渴望认识真理的心情。他愿意以生命交换对真理的透彻认识,由此可见他追求真理的迫切心情与追求真理而不得时的困惑与苦恼。

孔子对仁德、对知识的持续追求,深深地影响了他的弟子们,也表达了历来追求真理的人们的共同感受。

晋平公作为一位国君,政绩不凡,学问也不错。他在70岁的时候,依然希望多读点书,多长点知识,总觉得自己所掌握的知识实在是太有限了。可是,70岁的人再去学习有点困难,因此,晋平公对自己的想法总是很不自信。于是,他跑去询问一位贤明的臣子师旷。

师旷是一位双目失明的老人,他博学多智,虽然眼睛看不见,但心里很亮堂。晋平公问师旷说:"你看,我已经70岁了,年纪的确老了,可我还很希望能再读些书,长些学问,但又总是没有信心,总觉得太晚了。"

师旷回答说:"您说太晚了,那为什么不把蜡烛点起来呢?"

晋平公不明白师旷在说什么,便说:"我在跟你说正经话,你跟我瞎扯什么？哪有做臣子的随便戏弄国君的？"

师旷一听，乐了，连忙说："大王，您误会了，我这个双目失明的臣子，怎么敢随便戏弄大王呢？我也是在认真地跟您谈学习的事啊。"

晋平公说："此话怎讲？"

师旷回答说："我听说，人在少年时代好学，就如同获得了早晨温暖的阳光一样，那太阳越照越亮，时间也久长；人在壮年的时候好学，就好比获得了中午明亮的阳光一样，虽然中午的太阳已走了一半，可它的力量还很强，时间也还有许多；人到老年的时候好学，虽然好像到了日暮时分，没有了阳光，可他还可以借助蜡烛啊。蜡烛的光亮虽然不怎么明亮，也很有限，但也总比在黑暗中摸索要好的多吧！"

晋平公恍然大悟，高兴地说："你说得太好了，的确如此！我有信心了。"

三国时东吴名将吕蒙，少时家境贫寒，未读书传，识字不多。他带兵镇守一方，向孙权"每陈大事，常口占为笺疏"，连一般文告奏疏都不会写。由于文化低、知识少，吕蒙打起仗来常常勇猛有余而谋略不足。孙权让他读书，努力提高自己，吕蒙却总以军务繁忙为由，不想读。孙权说："如果说忙，难道你比我还忙？我小时候虽读过《诗经》、《书经》、《礼记》等书，现在主持国家政务，还读了多种史书和诸家兵书，觉得大有裨益。"后来，已经是不惑之年的吕蒙听从了孙权的话，发愤学习，认真读书，笃志不倦。一段时间下来，学习大有长进。

一次，代都督鲁肃巡视吕蒙的驻地陆口，吕蒙问他："和关羽为邻，你打算如何既联合他又警惕他？"鲁肃满不在乎地随口应道："没有考虑过，到时看着办。"吕蒙严肃地提出批评，然后滔滔不绝地分析了双方形势，并当场提笔，写出了五条良计。这使一向看不起吕蒙的鲁肃大为吃惊，他赶紧离座走到吕蒙跟前，抚着他的背说："我以为你只懂武略而已，现在学识竟如此渊博，已不是过去的'吴下阿蒙'了。"吕蒙笑道："士别三日，即更刮目相待。"

吕蒙的故事告诉人们：一个人无论在什么年龄阶段，只要能够坚持不懈地认真读书学习，就能取得长足进展，增加个人的本领。

7.兴趣是最好的老师

子曰："知之者不如好之者，好之者不如乐之者。"

——《论语·雍也》

孔子说："知道它的人不如喜好它的人，喜好它的人不如以它为乐的人。"

无论是学习还是进德修业，都有三种不同的境界：知道——喜好——乐在其中。

"知道"偏重于理性，对象外在于己，你是你，我是我，往往失之交臂，不能把握自如。所以，当需要我们身体力行进行实践的时候，往往难以做到。比如说，我们都"知道"锻炼身体很有好处，很有必要，但要天天早上起来坚持锻炼身体，却很少有人能做到。

"喜好"触及情感，发生兴趣。就像一位熟识的友人，又如他乡遇故知，油然而生亲切之感，但依然是外在于我，相交虽融融，物我两相知。比

185

如说,我们很多人都会说自己"喜好"看书,这是事实,但"喜好"的程度有所不同。大多数人是"好读书,不求甚解",这本浏览一番,那本翻阅一下,觉得有些累了,便扔在一边,明天再读。这就是"好之者",甚于"知之者",但还没有进入"乐之者"的境界。

"乐在其中"才是"乐之者"的境界。这种境界有一个最恰如其分的词语来形容,那就是"陶醉"。陶醉于其中,以它为赏心乐事,就像与亲密爱人相处一样,达到物我两忘、合二而一的境界。

比如颜回,住在贫民窟里,用竹篮子打饭,用瓜瓢舀水喝,人们都忍受不了那种贫困,而颜回自己却乐在其中。又比如孔子,发愤起来就忘记了吃饭,高兴起来就忘掉了忧愁,甚至连自己将要老了也不知道。

很可惜,现在"投入"学习、"投入"修养自己的人都太少了。

人们之所以有时做不好事情,原因很简单,就是没有真正地成为"乐之者"。当你真正地乐于做某件事时,你就会成为你要做的事,事情本身就会成就你。所谓"智者乐水,仁者乐山"即包含这层意思,智者乐于做水就会成为水,仁者乐于做山就会成为山。只有真心喜欢一件事情,才更容易获得成功。

孔子说"知之者不如好之者,好之者不如乐之者",显然是把"乐之者"视为做人的最高境界。而快乐来源于对本来的认知,有真知才能真乐。因此,乐之者也必是好之者与知之者,这样,他的快乐才能有所依附。

8.教子有方，不可拔苗助长

子曰："中人以上，可以语上也；中人以下，不可以语上也。"

——《论语·雍也》

孔子说："中等智力以上的人，你可以和他谈论高深的学问；中等智力以下的人，不可以和他谈论高深的学问。"

在圣人看来，人的智力分为上、中、下三等。

如果你是教师，就应该据此分析学生的不同资质，采取不同的教学方法，这就叫因材施教。

如果你是学者，就应该据此选择学术探讨的对手，掌握谈话的难易深浅，以免对牛弹琴，使对方不知所云。

如果你是家长，就应该据此分析孩子的潜质，并善加引导，尽量将其引上一条适合其自身发展的道路，而不是一味强调大学、知识，虽然这些也很重要。

天下的父母无不望子成龙、望女成凤，父母的期望可以让孩子明确自己的目标，对孩子的行为产生某种激励作用，没有期望或期望不足容易导致教育的盲目性，使孩子缺少来自父母的动力。所以，父母希望孩子有出息是好的。但是，孩子的成长需要一个宽松愉悦的环境，而父母过高的期望会对这一环境造成破坏。如果对孩子的期望超出了孩子的实际能力，不符合其年龄特征和个人特征，它所产生的各种副作用是相当可怕的。父母一厢情愿地忙着向孩子灌输自以为合适的爱好，主观代替孩子做出各种选择，有时甚至跟风，看到社会流行什么就让孩子学什么，看到什么学科吃香就让孩子去学什么，孩子就这样在父母的安排下一次又一次地被动接受着。殊不知，父母过高的期望会加重孩子的负担，限制其个性发展。

为了早日让孩子达到自己的期望值，很多父母不惜拔苗助长，孩子常常为此恐惧不安，紧张焦虑，或者对所学的东西逐渐失去兴趣，有的甚至开始厌学。不切实际的期望会扼杀孩子的天性，引起孩子逆反、压抑和怨恨等负面情绪。一旦达不到期望目标，孩子和父母都会有失落感，很多孩子还会因此形成一些不良心理。

父母不顾孩子自身意愿和承受能力的做法，无疑是一种自私的行为。正如你们喜欢吃油条、豆浆，而孩子喜欢吃汉堡、可乐一样，孩子的想法与父母是有很大差别的。不同的孩子，他们的差异是很大的，我们不能规定所有的孩子都做同样的事，走同样的路。

哪一个孩子不希望自己能学有所长？哪一个孩子不盼望得到父母的喜爱？但不知为何，总有一股强大的力量让他们身不由己，就像有两座大山挡在面前，弱小的他们只能望山叹息却无法逾越。这两座大山，一个是去实现自己的人生价值和梦想，另一个是去完成父母未完成的梦想。其实，孩子值得更好的选择——发展自己的兴趣，实现自己的愿望——这本来就是他应有的权利。科威特作家穆尼尔·纳素夫说过："水平高的父母明了自己难以强迫孩子成功，所以只是鼓励他在力所能及的范围内努力争取达到目标。"

不管你的孩子表现出怎样的智力水平，他都会表现出在某种能力范围内很强的创造力，父母所要做的就是要像日本心理学家木村久一所说的那样："家长要善于细心地观察孩子，从孩子的一举一动和只言片语中去发现孩子的求知欲。"也就是说，父母平时要留意孩子的兴趣爱好。有的孩子喜欢户外，表现出对所有生物的敏感和关怀，对家庭宠物很钟爱，且经常阅读有关动物的书报杂志,这就表示有关动物方面的知识是孩子一个特别强的领域。如此,一旦孩子想上与动物有关的兴趣班,父母就应创造条件让孩子去学。假设孩子后来不想学了,父母也不能勉强孩子,应该按照孩子自己的取向、爱好去发展。这时,父母再对孩子给予必要的引导和帮助,孩子的兴趣便会很容易培养起来。

很多父母都希望自己的孩子将来能出人头地,可如果没有创新的能力,就只能永远跟在别人的屁股后面爬。有不少父母虽然希望把孩子培养成有创造力的人才,但当孩子真的出现一些具有创造力特点的时候,父母又开始担心了,担心孩子太过特立独行、不听话,他们看不到孩子一些古怪想法的宝贵之处。

我国一个教育考察团去美国考察,他们看到一个幼儿园的孩子正在画画,有个孩子给苹果涂上了蓝色,老师竟夸赞了他。一个教育专家疑惑不解地问:"孩子明明把苹果的颜色涂错了,你不去纠正,为什么反倒夸赞他?"

幼儿园老师说:"孩子想怎样画就怎样画。你不觉得孩子的苹果画得不错吗?至于苹果被涂成了蓝色,当孩子吃苹果的时候不就知道了吗?何必在这里打击孩子的积极性呢?"

从这个故事不难看出,西方人在鼓励孩子的创造性方面,比我们的认识更为深刻。

孩子的兴趣爱好非常重要,它将直接影响到孩子的创造力。不管你对孩子的期望如何,也不管孩子的兴趣或将来的职业是什么,请给孩子一个机会,让他成为一个有创造力的人。有时候,孩子会有一些奇怪的想法或做法,这时,父母最好是让他"自食其果",多栽几个跟头,多碰几次钉子,本能会使他逐渐明白其中的道理。你要做的只是给他指出应注意的事项，以利于他改进，这样才能让孩子在实践中矫正自己认识的偏差，学会正确地识别、判断和选择。

9.以人为师：学人之长，补己之短

子曰："见贤思齐焉，见不贤而内自省也。"

——《论语·里仁》

见到有德行的人就向他看齐，见到没有德行的人就反省自身的缺点。这是孔子说的话，也是后世儒家修身养德的座右铭。"见贤思齐"是说好的榜样对自己的震撼，驱使自己努力赶上；"见不贤而内自省"是说坏的榜样对自己的"教益"，要学会吸取教训，不跟别人堕落下去。

没有人是完美无瑕的，努力找出自己和别人内在人格中的优点，保持或效法这些优点，改进其他不足之处，人格的特质才会日臻完善。

心理学家指出：没有所谓的坏人，只有所谓的坏行为，而坏行为是可以改正的。你可以选择你所钦佩的人，对照自己，找出自己的不良行为，努力效仿他们令人赞叹的特质。纵使在短时间内无法做好，也用不着沮丧，因为改造品格特质可能需要你用上一生的时间来完成。但值得庆幸的是，这和其他的事一样，越花工夫，就会变得越好。

你找的值得学习的人不必十全十美，而且世上也没有十全十美的人。你不需要对他们进行单纯的英雄式崇拜，而要着重学习他们引以为傲的能力。

现实生活中，许多成功者以前都失败过不只一次。歌剧明星卡罗素最初无法唱到最高音，所以他的歌唱老师好几次劝他放弃，但他仍坚持歌唱，最后终于成为了世界上最伟大的男高音之一；爱迪生的老师称他为劣等生，而且他在电灯发明中失败了14000次之多；爱因斯坦也曾数学不及格；亨利·福特在40岁时破产……

别在意你心中的英雄有缺陷，学习他们值得尊敬的特质就可以了。把你自己的性格和那些在工作领域里卓然有成的人相比，分析他们在成功过程中养成的特质，你就可以找到改善自己的明确目标。

比较可以带来进步，要在比较中学习。

人们常说："尺有所短，寸有所长。"尽管每个人身上都有难以克服的缺点，但每个人身上也有闪闪发光的亮点。想要把他人的专长学到手，以下几种方法很重要。

(1)自认无知。

学习他人的一个最重要的方法就是自认无知。对于大多数人来讲，做到这个很难，因为人人都有虚荣心，不愿意承认自己无知，而这些虚荣心恰恰就成了你前进道路中的最大障碍。如果你坚持认为自己是很有本事、很有才能，你的话可以成为权威和经典，那你就会看不到别人的长处，在遇到困难时也不会想要寻求别人的帮助，如此，孤军奋战的你将很难获得成功。

(2)学会倾听。

俗话说："忠言逆耳利于行。"假若我们能够放下虚荣心，认真听取别人的意见，肯定能够从中发现自己的许多弊病，这些弊病是达成成功人生所必须克服的，所谓"以人为镜"说的就是这个道理。

记住：知道怎样听别人说话，以及怎样让他开启心扉谈话，是你制胜的法宝。

对于大多数人来讲，一生中大多数经历是很容易忘怀的，记忆中深深烙下的往往是刻骨铭心的经验。所以，如果你能有幸倾听到，无疑会极大地丰富自己。

当然，学会倾听，绝对不是一言不发，那样对方会感觉是在对牛弹琴。因此，你应该学会引导对方谈话，诱导他说出他想表露的一些真实的东西和看法。

由于虚荣心理，许多人害怕别人发现自己的不足，害怕会遭到拒绝，所以不愿主动向人倾诉。要想让对方开启心扉，你应该首先消除他在这方面的顾虑。一旦对方发现和你在一起很安全，而你又打心眼里赞赏他，他便会向你开启心扉。

当然，有一点还要注意：当别人向你吐诉心声后，一定期待着你能为他保守秘密，你绝对不能以此为条件去要挟他，更不能随意把他的经历告诉别人。一旦他发现你辜负了他对你的信赖，你就会永远失去他的支持。

(3)肯定他人的长处。

当我们真心实意地向他人学习时，首先应该对别人的长处加以肯定。每个人身上都有闪光点，他们也都十分期待别人能发现并欣赏自己的闪光之处，如果你能做到这一点，他便会很乐意把这些东西展现给你，因为每个人都有期待获得别人的肯定和赞赏的心理需要。只要你满足了他的这种需求，他便不会隐藏自己的长处，其中甚至还会有一些炫耀的成分。给他一个展现的机会，你便能得到他的智慧结晶，这些智慧对你的一生都将有极大的帮助。

正如一句瑞士俗语所说："傻瓜从聪明人那儿什么也学不到，聪明人却能从傻瓜那儿学到很多。"

抓紧人性的根本——孝和忠

1.记得父母的生日

子曰:"父母之年,不可不知也,一则以喜,一则以惧。"

——《论语·里仁》

孔子说:"父母的岁数不可以不知道,一方面为他们的长寿而高兴,一方面也为父母的衰老而感到担忧。"

绝大部分人都只记得自己的生日,记不住父母的生日,这是一种自私的表现。

当你与三五好友热闹庆祝自己的生日时,是否有想过也给自己的爸爸妈妈过一个生日?

哲人指出:人应该具有悲悯情怀,要像疼孩子一样疼父母。

《佛说父母恩重难报经》上讲:"佛告阿难:我观众生,虽绍人品,心行愚蒙。不思爹娘有大恩德。不生恭敬,忘恩背义,无有仁慈,不孝不顺。"

儒家则直接说不孝之人是"畜牲"。

孔子说:"孝悌,人之本也。"这就把一个"孝"字放在了所有价值之上。做人的根本是做好自己的子女身份。

此言并非只是一句伦理说教,它具有深刻的哲学思考,关乎我们一生的成败,不可不知。

人从哪里来?

人不是从天地宇宙这些空洞的地方来,而是从父母那里来。

父母是实实在在的人,是我们看得见的世界本原与起源。

父母就是我们的第一推动力,就是我们的宇宙。

这样看来,父母的意义真是大得不得了。他们先我们而存在,他们让我们看到我们出生前的情况,给我们呈现出了一个立体的多维宇宙,展示了生命长河的生生不息。

父母就是道。

我们的全部生命得之于父母,我们的欢乐与父母息息相关。这不是抽象意义的息息相关,而是实实在在的相关。

如果一个人有足够的孝心与爱心,他(她)就会在静下心来的时候仔细看看父亲或母亲的脸。

这是一张怎样的脸啊!给人触动最深的就是他(她)的苍老。苍老表明父母饱经沧桑,并且正在沧桑中老去。父母的死亡是无可避免的,这预示着我们的起源终将湮灭在时间的统治下。而父母在未死之时,他(她)

的脸上便会向我们透露出一些或隐或显的生命信息。这不是别人的脸，这是生我们的本体宇宙的本来面目，也就是我们的本来面目。父母的脸如此凝重，每时每刻都在给我们做明白的言说。

给人触动同样深刻的是，我们惊奇地发现自己长得与父母几乎一样。如果抹去岁月的痕迹，再消除性别特征与胖瘦这些细节，你会发现，两代人之间其实毫无差别。

一个老祖母看她的儿子与看她的孙子是完全一样的，在她心中，这两个人是重叠又分开的图像。

我们都像我们的父母，这意味着什么？意味着一种铁的定律永恒不变，还意味着这个世界具有稳定的持续性，绝不因突变与变异而丧失本原。这为我们的人生提供了幸福的基础。

我们像父母，这说明两者之间有同一性。也就是说，我们只有对父母好，才能真正对自己好，因为父母是我们生命的一部分。

孔子生下来父亲就死了，十几岁时母亲又死了，对母亲的无限追恋和对父亲的无限渴望使他深刻了解到父母对子女成长的重要性。这是本源与本原，绝不可舍本逐末、本末倒置。

仲由，字子路、季路，春秋时期鲁国人，孔子的得意弟子，性格直率勇敢，十分孝顺。早年家中贫穷，没有米吃，常常采野菜做饭食。但他怕父母身体不好，为了让父母吃到米，他从百里之外负米回家侍奉双亲。

后来，仲由的父母双双过世，他南下到了楚国，楚王聘他当官，对他很是礼遇，每天吃的是山珍海味，每次出行随从的车马有百乘之众，所积的粮食有万钟之多。可是，坐在垒叠的锦褥上，吃着丰盛的筵席，仲由却常常怀念双亲，慨叹说："即使我想吃野菜，为父母亲去负米，哪里能够再得呢？"

现在总是听见人说："等我有钱了，我要大把大把地塞给父母，让老人家坐在钱上想怎么花就怎么花；等我有时间了，我就带着父母出去旅游，去环游世界，让父母在有生之年玩个痛快……"

这些人一定没有想过，等他有钱了，父母是否还能有牙口吃他孝敬的好吃的；等他有时间了，父母的腿脚是否还能走得动道。

有一个词叫做"生命无常"。父母不会永远都是40岁，他们不会永远都等在那里，让你从容地准备好一切。等待就意味着错失，而有些东西错过了，就永远都无法挽回了，只能成为你一辈子的遗憾。

2.尊师也是孝道的延伸

子曰："孝悌也者，其为仁之本与！"

——《论语·学而》

孔子思想的核心是"仁"。"仁"是指一个人本来就具有的善性。孔子说"孝悌也者，其为仁之本与"，并非说孝悌就是仁，仁是事物的本质，孝悌是事物的表象。用古人的话来说，仁是体，孝悌是用，通过实践孝悌，可以走向仁的境界。人之初，性本善。孝悌是恢复人本来面目的方法之一，也是走向仁的境界的最根本的方法。所以，孔子说："君子务本，本立而道生。"

在中国历史上，从古到今，没有哪个朝代不重视孝道，孔子把"孝"放在一切道德的首位，视为"立身之首"、"自行之源"。

可见，孝敬父母是一切良好品德形成的基础。

孝顺父母为孝道，尊敬老师为师道，师道以孝道为基础，没有孝道就谈不上师道。

反之，尊师也是孝道的延伸。假若有人不尊敬老师，不听老师的话，那他就是不孝父母，因为父母总是希望子女能依照老师的教导去做。

"孝亲尊师"是做人根本中的根本。人们常把老师比作父母，正所谓"一日为师，终身为父"，就是因为老师关心、爱护、教育学生的慈善之心同父母对待子女的慈善之心是一致的，老师在教书育人的过程中，为学生付出的心血和代价是无法估量的。

中国当代著名教育家魏书生说过："世界上最希望一个人有作为，最真心愿让一人超过自己的，除了他的亲生父母之外，就是他的老师了。"又说："当老师的，即使是水平不高的老师，也都真心诚意地盼望自己的学生能德智体全面发展，做梦都想着自己的学生们进步了，成绩提高了，比赛得胜了，个个成才了。老师盼望每个孩子都好的心情是一点都不用怀疑的。"

所以，师情与亲情是天下最纯真之情。

假如世间没有教育，就不可能有今天的人类，因为人类本身就是教育的产物。人类区别于其他动物的原因，就在于人能够高效地实施教育和接受教育，在教育中承先启后，继往开来，既学会做人，又学会做事。

尊师敬师者不一定有大学问，但有大学问的人一定是尊师敬师者。

任何一位学生，只有真正做到尊师敬师，才有可能很好地接受教育，充分开发自己的学习潜能，进而学有所得，学有所成。

反之，若学生不尊敬老师，不肯听老师的话，那么，即便老师再有学问、再有能力，也没有办法将自己的知识传授给他。这就好比一个空瓶子，不把盖子打开，就无法往瓶子里面装入任何物质。

过去有一位云居大师，曾经说过人世上的八种后悔，其中，前两种后悔是：

(1)逢师不学去后悔。

"善知识"（佛家指正直而有德行，能教导正道之人）难遇难求，良师给予我们的影响非常深远，一句真实话，能够终身受用。善财童子不辞艰苦去参访五十三位"善知识"，赵州禅师活到八十岁还行脚参访，都是因为"经师易得，人师难求"。如果遇到了"人师天范"，却不知道好好亲近学习，等到机缘流失，只能徒然悔憾不已。

(2)事亲不孝丧后悔。

所谓"生前一滴水，胜过死后百重泉"。父母长辈在世的时候，不能承欢膝下、甘旨奉养，甚至百般忤逆，等到慈亲逝世了，纵然身后极尽风光体面，墓冢巍峨，又有什么意义呢？"堂上双亲你不孝，远庙拜佛有何功？"倒不如父母活着的时候多尽一点孝心。

愿天下所有人都能很好地孝敬父母、尊师敬师，并以此为基点，来面对家庭、社会，面对他人（老吾老以及人之老），面对工作。如此，我们所得到的将会是天下太平，福满人间。

3.体贴父母的精神世界

子游问孝，子曰："今之孝者，是谓能养。至于犬马，皆能有养。不敬，何以别乎！"

——《论语·为政》

子游问什么是孝,孔子说:"如今所谓的孝,只是说能够赡养父母便足够了。然而,就是犬马都能够得到饲养。如果不存心孝敬父母,那么赡养父母与饲养犬马又有什么区别呢?"

在有些人看来,父母老年,不能自食其力,做儿女的只要在物质上满足他们,让他们吃穿不愁,就算报答他们的生育之恩了。

当然,以现代社会的生活水准,我们不用给父母洗马桶,衣服也不用我们洗,很多父母甚至都不需要儿女来养活,但这并不代表我们没有什么可以为父母做的。

人越老越孤独,所以我们在满足他们的物质需求的同时,还应多多关注他们的精神世界,了解他们的想法。许多老人要的不是多么优越的物质享受,他们真正想要的是来自儿女的关心和慰藉。只要自己的孩子能在闲暇时陪自己说会儿话,他们就很知足了。

孔子强调"敬",他认为,仅仅"能养"是远远不够的,孝敬父母应既养又敬。在家不仅应主动承担家务劳动,减轻父母的家务负担,还应从思想上尊重父母的意见和教导,经常把生活、学习、思想情况告诉父母。不管是外出还是回家,都要向父母打招呼。在外地读书或工作,要经常写信或电话汇报情况,也要经常回家看看,免得父母挂心。

《礼记》中说:"孝有三,大尊尊亲,其次弗辱,其下能养。"意思是说,奉养父母是最低等的一种孝顺。现代社会,生活节奏加快,"孝顺"这个词变得越来越物质化。在很多人看来,孝顺就是让父母过上好日子,吃好穿好。因此,现在的年轻人多选择在外赚钱,然后按月给父母寄钱,以为这样父母就会很开心。物质化的孝顺只能流于形式、流于表面,父母难以从这样的孝顺中感受到来自儿女的关心。

父母亲们多年老体衰,赋闲在家,而且常常会给儿女们添麻烦,所以,他们心里总会产生一种拖累儿女的愧疚感,这种心态对于他们的晚年生活是极为不利的。所以，儿女们要学会肯定父母的贡献，把他们摆到一个不可或缺的位置上，让他们觉得自己能为家里作出贡献，是家里的功臣。这样一来，父母心中的存在感就会持续提高，自然能够生活得更加开心。

有的父母觉得儿女年纪轻，做事草率、不稳重，免不了要叮嘱几句。这个时候，若儿女不耐烦地表示：我已经长大了，你的老思维已经落后了，免不了会让父母产生失落感。所以，在面对父母善意的唠叨时，如果你能说出"姜还是老的辣，我怎么就没想到呢"之类的话，父母一定会很开心。

还有的父母，年轻的时候做过一些很辉煌的事情，上了年纪后，就会跟子女、后辈一次又一次地讲述这段光辉历史。他这样做并不是在炫耀，而是想通过回忆找到曾经的成就感，来证明自己并不是老而无用。作为子女，这个时候不妨耐下心来，仔细听听老人的讲述，哪怕已经听过了不知多少遍，因为父母能在这一过程中得到心灵的满足。

汉代梁州人韩伯愈是个出了名的大孝子。韩伯愈的母亲对他管教非常严格，稍有小错，便拿起身边的手杖打他，可是韩伯愈每次都虚心接受母亲的责打，甚至跪着接受母亲的教训，从来没有丝毫怨言。

有一天，韩伯愈又犯了错，母亲拿出拐杖责打他。可打着打着，韩伯愈却忽然大哭了起来。他的母亲觉得很奇怪，便问他道："从前打你的时候，你总是和颜悦色地受着，没有一次流过眼泪，今天为什么哭了起来？"

韩伯愈饱含悲伤地说："从前儿子有了过失，母亲打我的时候，我是觉得很痛的，晓得母亲的身体很康健。今天，母亲的力量已经不能使我觉得痛了，我想母亲的精力已衰，恐怕以后的日子不多了，所以不由得悲从中来。"

父母越到年老越渴望被子女重视,好让自己仍旧"老有所用"。爱父母就要了解他们的精神世界,明白他们真正需要的是一种尊重,一种仍能给家里作贡献的认可。

懂得了这一点后,子女再"投其所好",给予父母充分的肯定与信任,让他们明白我们离不开他们,如此,他们的晚年一定会过得非常充实、愉快。

4.父母在,不远游

子曰:"父母在,不远游,游必有方。"

——《论语·里仁》

很多人离开家乡去外面打天下,有的成功了,有的没成功,都无一例外地蹉跎了岁月。他们或因成功而忙碌,"没有时间看父母";或因一事无成而羞于见爹娘。这样就出现了一个奇怪而又残酷无比的普遍现象:他们一去无回,等终于哪一天回到家中一看,父母老了,病了,甚至已经死了。

为了避免这种情况发生,我们做子女的应该多爱父母、多想父母、多看父母,别在失去时才知道拥有的珍贵。孔子曰:"未能事人,焉能事鬼?"说得残酷一点,父母生前都不能好好地孝顺,去世后烧再多的纸钱,再哭天抢地，再谈及自己多爱父母，都是没用的。孔子说的这八个字虽简洁，却字字锥心。

孔子外出，听到有哭声非常悲哀。孔子说："快赶车，快赶车，前边有贤者。"到了哭声传来之处，发现原来是皋鱼，他披着麻布短袄，抱着镰刀，在路边哭。

孔子下车对他说："你家里莫非有丧事？为什么哭得这么悲伤呢？"

皋鱼说："我有三件事情做错了。年少时出外学习，游学诸侯，回来后双亲已死，这是第一错；因为我的志向高远，自视清高，所以不愿为国君效力，这是第二错；我跟朋友虽交往深厚，却逐渐断了来往，这是第三错。树欲静而风不止，子欲养而亲不待，逝去了就永远追不回来的是时光，过世后就再也见不到面的是双亲。请让我从此告别人世吧。"于是，站立不动被太阳暴烤枯槁而死。

孔子说："你们应引以为戒，经历过这件事，足以让人知道该怎么做了。"在这之后，有13位学生向他辞别，要回家侍奉双亲。

"树欲静而风不止，子欲养而亲不待！"风不止，是树的无奈；而亲不在，则是孝子的无奈。大家都知道要孝顺父母，可心中却总抱有这样的想法：等自己如何如何了，就好好孝顺父母。然而，任何事情都能等待，父母的老去却无法阻止。很多人想通过自己的奋斗让父母过上更好的生活，这本无可厚非，但是如果在这一过程中忽略了父母，甚至因为工作忙而长时间不见父母，则是有违孝道的。

曾经网上流传过一篇很火的文章，文章的名字叫做《你还有多少时间和父母在一起》。这篇文章里，没有什么优美的语言，也没有什么感人肺腑的话，只有一堆枯燥的数据，但就是这么一堆枯燥的数据，却感动了无数人。

文章里说，对于现在很多在外地上班的人来说，大多过年了才回一次家，一次回家的时间应该是5天到10天不等。以10天来算，在这10天的时间里，我们还要出去和朋友聚会，还要忙一些自己的事情，能待在家里的时间最多一半，也就是5天。现在，我们国家的人均寿命是72岁，用72减去父母的岁数，再乘以5，就可以得出我们还能够和父母在一起的时间。

真是不算不知道，一算吓一跳，原来，我们能和父母在一起的时间竟这么少，即便他们还能再活30年，算起来也只有150天，连半年都不到。

从小到大，我们都已经习惯了父母一直在身后默默地等着我们，潜意识里总是认为，无论什么时候，只要我们回头，就能够看到他们一直静静地站在那里。

但现实很残酷，生命总在悄然流逝，也许当你回过头来的时候，那个肩膀宽厚的父亲，那个手脚利索的母亲，都已成了步履蹒跚、白发苍苍的老者。

年迈的父母若哪一天真的突然离去，做儿女的即便是给父母带回了丰厚的物质享受，父母也看不到了，这样岂不悲矣？其实，父母要的并不多，只要儿女们能常回家看看，他们就满足了。

《常回家看看》这首歌为什么能一夜间传唱大江南北，而且经久不息，原因就在于它道出了无数父母的真切心愿。父母不图儿女给自己买多大的房子，只要他们能常常回家，陪自己聊聊天，大家经常坐在一起吃饭，便已经心满意足了。而让父母开心，不就是孝的最本质目的吗？

冰心在《纸船寄母亲》中写道："母亲，倘若你梦中看见一只很小的白船儿，不要惊讶它无端入梦。这是你至爱的女儿含着泪叠的，万水千山，求它载着她的爱和悲哀归来。"及时行孝，莫让父母在孤独中老去，莫让父母在期盼儿女归来中老去。

孝顺父母是不能等待的，要从现在就做起，无论我们是否成功，都应该找时间多陪陪父母。当你看着父母日渐增加的白发时，如何能够忍下心不陪陪他们？莫要等到亲人离去，让自己空留遗憾。

5.羊有跪乳之恩，鸦有反哺之义

子曰："生，事之以礼；死，葬之以礼，祭之以礼。"

——《论语·为政》

父母是我们人生中最至关重要的人，他们给予了我们无限的爱与帮助。所以，当我们有能力之时，反过来孝顺父母，照顾他们安度晚年，是很理所应当的事情。

季羡林曾经写过一篇叫《赋得永久的悔》的文章，内容是追忆母亲对他的深爱。季羡林自从离家出外求学，很难与母亲见上一面，以致母亲临终时都未能见到儿子最后一面，季羡林对此一直悔恨不已。

季羡林一直为自己不能尽孝而自责，他曾写道："我不忍想象母亲临终思念爱子的情况；一想到，我就会心肝俱裂，眼泪盈眶。当我从北平赶回济南，又从济南赶回清平奔丧的时候，看到母亲的棺材，看到那简陋的屋子，我真想一头撞死在棺材上，随母亲于地下。我后悔，我真后悔，我千不该万不该离开了母亲。世界上无论什么名誉、什么地位、什么幸福、什么尊荣，都比不上待在母亲身边，即使她一个字也不识，即使整天吃'红的'。"

季美林对此自责道："我这永久的悔就是：不该离开故乡，离开母亲。'永久的悔'莫过于这种天人永隔的悔恨，再也无法弥补自己的错误，再也无法献上自己的深情厚谊。"

"百善孝为先"，把孝放在一切善行之首，其用意可见一斑。自古以来，孝是中国文化中至关重要的一环。周朝建立礼乐制度，其中最重要的一条就是"祭祀丧服"，也就是祭拜祖先以及为长辈守孝，以提倡"家"这一概念，由此才能让孝推广开来。

孔子曾教导弟子说："夫孝，德之本也，教之所由生也。复坐，吾语汝。身体发肤，受之父母，不敢毁伤，孝之始也。立身行道，扬名于后世，以显父母，孝之终也。夫孝，始于事亲，中于事君，终于立身。"孔子把孝看得非常重，说它是"德之本"，并由此延伸出了"行孝才能对他人有所贡献，实现自己的价值"这一观点。

《增广贤文》里说："羊有跪乳之恩，鸦有反哺之义。"动物尚且如此，更何况人呢？一个人出生在这世界，由父母抚养长大，并给予教育和爱；及至成年，父母老了，难道不应该由我们来照顾吗？一个人如果连至亲的父母都不能孝顺，不知关爱，那他还有什么感情可言？

闵损，字子骞，春秋时期鲁国人，孔子的弟子，在孔门中以德行与颜渊并称。孔子曾赞扬他说："孝哉，闵子骞！"闵损生母早死，父亲娶了后妻，又生了两个儿子。继母对闵损不好，冬天，两个弟弟穿着用棉花做的冬衣，而他的棉衣里面却是干巴巴的芦花。一天，父亲出门，闵损牵车时因寒冷打颤，将绳子掉落在地，结果遭到了父亲的斥责和鞭打，芦花随着打破的衣缝飞了出来，父亲这才知道闵损受到了虐待。父亲返回家，要休逐后妻。闵损跪求父亲饶恕继母，说："留下母亲只是我一个人受冷，休了母亲，三个孩子都要挨冻。"父亲十分感动，不再提休妻之事。继母听后，悔恨知错，从此待他如亲子。

不仅百姓要行孝，皇帝也要行孝。

汉文帝刘恒是汉高祖第三子，为薄太后所生。文帝以仁孝之名闻于天下，侍奉母亲薄太后从不懈怠。母亲卧病三年，他常常目不交睫，衣不解带；母亲所服的汤药，他总是亲口尝过之后才放心让母亲服用。他在位24年，重德治，兴礼仪，注意发展农业，使西汉社会稳定，人丁兴旺，经济得到了恢复和发展。他与汉景帝的统治时期被誉为"文景之治"，死后谥号"孝文皇帝"。

在科举制度未出现之前，由汉武帝设立的"孝廉制度"在我国影响极深。所谓"孝廉制度"，就是说一个人要想当官，首先要孝顺父母，才能被人推举，进行考核。古人通过孝来考察一个人的人品作为，由此可见，孝是多么的重要。

北魏有一个人叫李彪，出生那年家乡正闹灾荒，父亲出海打渔时遇到了风浪，从此一去不回，而母亲也因生他不幸难产致死，邻人李钦夫妇将他抱回抚养，起名李彪。李彪并不知道自己的身世，只知道每天埋头苦学经书。李彪8岁那年，养母身患重病，不久身亡。养父李钦为了养家糊口，开始挑担贩姜。有一天在街上，一个算卦的人对李钦说，他收养的儿子李彪命毒，克死了亲生父母，又克了义母。李钦闻听此言，心中十分害怕，他心想：恐怕下一个就是我自己了！

李钦回到家后，就把李彪的身世告诉了他，接着抡起木棍硬逼着李彪离家。李彪痛哭流涕，跪在养父面前苦苦哀求，让父亲不要听信传言。他说自己即便不是李家的亲生子，也一定会像亲生的一样孝敬父亲。李彪将额头都磕破了，但李钦依旧不听，生拉硬拽地将李彪赶了出去。从此，李彪成了沿街乞讨的流浪孤儿。

李彪不善言语，却笃志好学，怀揣经书讨饭。虽然被养父赶出家门，但他不恼不恨，每天把剩余的干粮积攒下来，隔一天往老家送一趟。李钦不让他进门，他就把干粮放在门口。后来，李钦身患重病卧床不起，李彪就把讨来的馍馍送到床前，靠讨饭养活他。此孝行不仅感动了李钦，也感动了当地的百姓。

此时正当政的孝文帝，素来以孝治天下，李彪因此被举为孝廉，官居秘书丞，参著作事，后迁御史中尉。后来，李彪还乡后，述春秋三传，合成十卷，诗赋杂笔百余篇，永被后人瞻读。

当代不少伦理学家把孝敬父母看作是人生处理人际关系的第一台阶，是做人的基本要求，更是关心他人、自觉上进、热爱祖国等品德形成的基础。

历史的经验告诉我们：凡是精忠报国、事业有成的人，都和听从父母善言、尊敬奉养父母、不忘父母养育之恩分不开。

在古代，帝王选用良才时，首先看重的就是孝顺。他们认为：连生养自己的父母都不孝顺，又怎么会对我这个君王尽忠呢？

现在，不少人交朋友、找对象，甚至企业招聘，也把"孝"字作为条件之一。因为孝敬父母的人往往更加忠心可靠，他们在工作上会更加忠于职守，敬业精神强，不易出乱子。

对于孝这种中华民族的传统美德，我们要继承下来。也可以说，懂得孝顺父母，也算是懂得了国学精神的一部分。

6. 顺从父母但不盲从

子曰："事父母几谏,见志不从,又敬不违,劳而不怨。"

——《论语·里仁》

孔子说:"侍奉父母,如果他们有不对的地方,要委婉地劝说他们。自己的意见表达了,见父母心里不愿听从,还是要对他们恭恭敬敬,并不违抗,替他们操劳而不怨恨。"

南怀瑾先生说:"宋儒以后论道学,便有'天下无不是之父母'的名训出现。因此,'五四运动'要打倒孔家店时,这些也成为了罪状的重点。其实,孔子思想并不是这样的,天下也有不是的父母,父母不一定完全对,作为一个孝子,对于父母不对的地方,就要尽力劝阻。"

孔子有个名为曾参的学生,是史上著名的孝子。一天,曾参在锄草时,误伤了苗,他的父亲曾晳就拿着棍子打他。曾参没有逃走,站着挨打,结果被打得昏了过去,过了一会儿才悠悠苏醒过来。曾参刚醒过来,就问父亲:"您受伤了没有?"鲁国人都赞扬曾参是个孝子。

孔子知道了这件事以后告诉守门的弟子说:"曾参来,不要让他进门!"曾参自以为没有做错什么事,就让别人问孔子是什么原因。孔子说:"你难道没有听说过舜的事吗?舜小的时候,父亲用小棒打他,他就站着不动;父亲用大棒打他,他就逃走。父亲要找他干活时,他总在父亲身边;父亲想杀他时,无论如何也找不到他。如今,你在父亲盛怒的时候也不逃走,任父亲用大棒打,倘若真的死了,那不是陷父亲于不义么?哪有比这更不孝的呢?你难道不是天子的子民吗?杀了天子子民的人,他的罪又该怎么样呢?"

东汉经学家赵歧在《十三经注》中说:"于礼有不孝者三,事谓阿意曲从,陷亲不义,一不孝也;家贫亲老,不为禄仕,二不孝也;不娶无子,绝先祖祀,三不孝也。"他认为,第一不孝,是"阿意曲从,陷亲不义",是对父母无条件地曲从,容忍他们做不义之事。

明朝王友贤(官为尚书),山西宁乡人,买了一妾,因此遭到了妻子的嫉恨。有一次,王尚书与妾外出,被其妻幽禁到了一座楼上,饿得快要死了。那时,王尚书的儿子毓俊还只有几岁,他对母亲说:"如果他们饿死了,别人就会说母亲的不是,不如每天给他们一碗粥,使他们慢慢死亡,这样别人便不会认为母亲不贤良了。"母亲听从了他的话。毓俊就偷偷把饮食藏到一个小布袋里面,利用送粥的机会,暗中带给父亲,因此救了父亲的命。

从这个故事,我们可以得到启发:与父母说话,虽然不能违背他们的意志,但并非一味顺从附和就是孝顺。

南怀瑾先生在解释"事父母几谏,见志不从,又敬不违,劳而不怨"时说:"'见志不从'就是说父母不听劝导,如此,便'又敬不违,劳而不怨',只好跟在后面大叫、大哭、大闹。因为你是我父母,你要犯法,我也没有办法,但我要告诉你,这是不对的。你是我的父母,我明知道跟去了这条命可能送掉,但因为我是你的儿子,所以只好为你送命,不过我还是要告诉你,这样是不对的。这种孝道的精神,就是说父母有不对的地方,要温和地劝导,即使反抗也要有个限度。应该把道理明白地告诉他,可是自己是父母所生所养,必要时只好为父母牺牲。"

从前有一个叫做赵恬的人,他家里很穷,每餐都以米汤野菜为食。有一天,他的父亲实在是嘴馋,很想吃肉,便偷了邻居家的一只鸡。他发现之后,就劝父亲把鸡还给邻居,但他父亲没有答应,还把那只鸡给宰了吃了。后来,邻居发现少了一只鸡就来问他,他怕邻居告发父亲让父亲坐牢,就包庇了父亲。可最后还是被官府给查到了。官府派衙差来索拿他的父亲时,赵恬走出来说,那只鸡是他偷来给父亲吃的。于是,衙差便放了他的父亲,把他带到了公堂上。没有想到的是,这个知县非常聪明,一下子就把他识破了。在问明了事实的经过后,知县被他的孝心所感动,不但没有处罚他,还赏了他一只鸡,让他回去侍奉老父。

这个世界上,没有谁是不会犯错的,父母也是人,也会犯错,但父母毕竟是父母,他们生我们养我们,即便是有错,我们也不能直言苛责,而应该多一点耐心,温颜劝慰。回想我们小的时候,谁不是三天两头犯错,不是砸了邻居家的玻璃,就是打了邻居家的孩子。哪一次不是父母赔着笑脸,带着我们,低三下四地给别人赔礼道歉,这都是为了谁?小时候,我们犯了错,有父母帮我们承担;现在,我们长大了,父母老了,也是时候帮助父母承担一些责任了。

7.孝顺父母要发自内心

子夏问孝。子曰："色难。有事,弟子服其劳;有酒食,先生馔,曾是以为孝乎?"

——《论语·为政》

子夏问孔子什么是孝。孔子说："做子女的要尽到孝,最不容易的就是对父母和颜悦色。如果仅仅是有了事情,儿女就替父母去做;有了好吃的就让父母先吃,你觉得这样难道就是孝了吗?"

南怀瑾先生说:"态度很重要。好像我们下班回家,感到累得要命,而爸爸躺在床上,吩咐倒杯茶给他喝。做儿女的茶是倒了,但端过去时,沉着脸,把茶杯在床前几上重重地一搁,用冷硬的语调说:'喝吧!'在儿女这样的态度下,为父母的心里比死都难过,这是绝不可以的。所以,孝道第一个要敬,这是属于内心的;第二个则是外形的色难,态度上的。"

宋代大文豪黄庭坚就是个大孝子,自小侍奉父母极真诚而且无微不至。黄庭坚的母亲有洁癖,受不了马桶有异味,所以他从小就每天亲自倾倒并清洗母亲所使用的马桶,数十年如一日。

后来他当了大官,家里有了很多的仆役,已成为当朝显贵的他本不用再亲自为母亲清洗马桶,但他却认为孝顺父母是为人子女应该亲自做的事,不可以假托他人之手,尽心侍亲和当不当官时是没有什么不同的。所以,他依旧每天侍奉母亲至诚至孝,没有一丝懈怠。

当母亲病危的时候，黄庭坚更是衣不解带，日夜侍奉在病榻前，亲自尝试汤药，没有一刻未尽到人子的孝道。

苏轼曾经赞扬他"孝友之行，追配古人"。意思是说他孝顺父母、友爱兄弟的情操，就是比起古时的先贤亦不遑多让。

与黄庭坚一样侍奉长辈至诚至孝的还有石建。石建是西汉人，官至郎中令，位列九卿之一，这在当时应该算是了不起的大官了。但他依旧亲自洗涤老父的衣裤，因为他怕家里的仆役不用心，洗不干净，父亲穿着不舒服。可他又怕被父亲得知心中不安，所以每次都背地行事。他每隔五天回家休沐，就偷偷地让仆役取出老父近身所穿衣裤，亲自清洗干净，然后再悄悄交还给仆从。

后来，父亲去世时，他非常伤心，每天都垂泪哭泣。当时他已经年过七十，仅过了一年，他也跟着去世了。

曾国藩曾教育子弟说："养亲以欢心为本。"而所谓欢心，实际上就是一种最大的孝顺。许多人把孝顺父母当成是一种负担，这种想法是不可取的。孝顺父母应该是一种爱，一种子女对父母的爱，心中怀着感恩与爱去孝敬父母，那才是真正的孝。

回想一下，当我们跌倒的时候，父母多少次不厌其烦地拉起我们；当我们生病的时候，父母多少次不眠不休地照顾我们；当我们迈步向前的时候，父母多少次不遗余力地支持我们；当我们遇到挫折的时候，父母又是多少次不辞劳苦地安慰我们。

父母对我们的爱无私而又深重，现在他们老了，我们为什么就不能对他们抱有一些感恩的爱心呢？也许我们做不到像他们爱我们一样爱他们，但至少要多一点耐心，外加多一点宽容。

第十章

仁者乐山、智者乐水的心境

1. 不忧不惧，安心做自己

子曰："内省不疚，夫何忧何惧？"

——《论语·颜渊》

司马牛询问君子之道，孔子说："君子不忧不惧。"君子不忧愁、不恐惧。

司马牛又问："不忧不惧，斯谓之君子已乎？"不忧愁、不恐惧就可以叫做君子吗？

子曰："内省不疚，夫何忧何惧？"意思是，内省自己而问心无愧，还有什么可以忧愁和恐惧的呢？

生活中，很多人都活在忧愁和恐惧中，忧愁自己得到的还不够多，恐惧自己拥有的东西随时会失去。这是没有参透得失的本质造成的。

塞翁失马的故事家喻户晓，在这个故事中，塞翁失去了很多东西，但唯一不变的就是他快乐的内心，他始终保持着一个平和的心态。

要以"得之我幸，失之我命"的坦然去乐观面对整个人生，拥有这样的心态，自然就能够做到不忧不惧，坦然做自己。

有一天，无德禅师正在院子里锄草，迎面走过来三位信徒。信徒们向他施过礼后，说："人们都说佛教能够解除人生的痛苦，但我们信佛多年，却并不觉得快乐，这是怎么回事呢？"无德禅师放下锄头，慈祥地看着他们说："想快乐并不难，首先要弄明白人为什么活着。"

甲说："我母亲今年80多了，身体不好，我总是担心她离我而去。"

乙说："我要没日没夜地干活，才能够养活一家老小，我感觉很累，没有丝毫快乐可言。"

丙说："我今年都快30岁了，却连个功名都没考上，全家就指望我高中，可我却屡屡失败。"

听完他们的诉说，无德禅师想了想，说道："难怪你们不快乐，因为你们总是在计较失去的东西，总是在意生活里不好的一面。"

无德禅师先对甲说："你的母亲身体不好，你要好好照顾，可是你家上个月不是新添了一个女儿吗？难道这不让人高兴吗？"之后，禅师又转头对乙说："你每天工作很累，但你有一份正经工作，在村子里首屈一指，跟家人享受天伦之乐，难道这不让人高兴吗？"最后，禅师对丙说："村子里每一块匾都是你题的字，你读书最多，识遍天下，纵览古今，难道这不让人高兴吗？"

三人听后恍然大悟，纷纷向禅师道谢而去。

有一位哲人说过："世界上有两种人，他们的健康、财富以及生活上的各种享受大致相同，结果，一种人是快乐的，而另一种人却得不到快乐。"

杭州灵隐寺中有一副对联，上联是"人生哪能多如意"，下联是"万事但求半称心"。

在人生的道路上，每个人都在不断地累积着令自己烦恼的东西，包括名誉、地位、财富、亲情、人际关系、健康、知识、事业，等等。这些东西压得人们喘不过气来，使人们失去了原本应该享受到的乐趣，增添了许多无谓的烦恼。

其实，人生短短几十年，金钱、地位等一切都不能一直陪伴我们，为这些身外之物而焦虑沮丧、患得患失几十年，实在太不值得了。痛苦也是过一天，快乐也是过一天，何必自寻烦恼呢？

有个富人叫白正，他虽然很有钱，却过得很不快乐。他听说在偏远的山村里有一位得道高僧，便把所有的家产换成了一袋钻石，去向高僧请教。

他对高僧说："高僧！人们说你无所不知，请问在哪里可以买到快乐的秘方？"

高僧说："我这里的快乐秘方价格很贵，你准备了多少钱，可以让我看看吗？"

白正把装满钻石的锦囊拿给高僧，没有想到高僧连看也不看，便一把抓住锦囊，跳起来跑掉了。

白正非常吃惊，四下又无人，他只好自己追赶高僧，可是跑了很远也没有见到高僧的身影,他累得满头大汗,在树下痛哭。

正当白正哭得厉害之时，他突然发现被抢走的锦囊就挂在枝丫上。他取下锦囊,发现钻石还在。一瞬间,一股难以言喻的快乐充满全身。

高僧从树后面走出来,说道:"凡人不懂得得与失的平衡,自以为失要痛哭,得要欢喜,抛却了这种观念,你才能真正的快乐。"

白正恍然大悟。

人生最大的障碍和不自在,就是受到了外界的牵制,对外在虚假的认同破坏了我们心灵的统一。绝对的本体超越了时间、空间和因果的范畴。

人们总是渴望获得那些本不属于自己的东西,对自己拥有的却不屑一顾。其实,我们每个个体之所以存在于世界上,自有他存在的意义,安心做自己的人,才是智慧的人。

2.心中没有老的观念

其为人也,发愤忘食,乐以忘忧,不知老之将至云尔。

——《论语·述而》

"没有时间老",其实就是心中没有老的观念。孔子说:"其为人也,发愤忘食,乐以忘忧,不知老之将至云尔。"就是说,一个人若是为了追求事业，连吃饭睡觉都可以忘掉，在追求的过程中获得的快乐，更是可以让人忘却其他烦恼，甚至连进入老年和临近死亡都没有时间去多想。

佛光禅师的弟子大智出外参学20年后归来，在法堂里向佛光禅师述说此番在外参学的种种见闻心得，佛光禅师总以慰勉的笑容倾听着。最后，大智问道："师父，这20年来，您老人家还好吗？"

佛光禅师道："很好，很好啊。我每天讲经说法，著述写作，像一条鱼一样在法海里悠游，世上没有比这更令我喜悦的生活了。每天，我都忙得很快乐啊！"

大智关心地说："师父，您应该多花一些时间用在身心的修养上。"

佛光禅师对大智说："夜深了，你去休息吧，我们以后再慢慢说。"

次日清晨，还在睡梦中的大智隐隐听到佛光禅师的禅房中传出阵阵诵经声和木鱼声。

整个上午，佛光禅师不厌其烦地对一批批前来礼佛的信众引导开释，讲说佛法。快到中午时，好不容易看到佛光禅师与信徒谈话告一段落，大智就趁着这一空当问佛光禅师："老师，分别20年，看来您每天都是这样忙碌着啊。可是，怎么我却看不出您变老呢？"

佛光禅师呵呵一笑："你说得没错。不是我不老，是我没有时间老啊！"

由此可见，只有那些无事可做的人，才会对年龄和死亡思来想去，徒生烦恼。发自内心地热爱你的工作，并投入其中，如此，任何人、任何事都打扰不了你。

百丈怀海是马祖道一座下最著名的入室弟子，出师后住江西百丈山。四方禅僧纷至沓来，其门下人才济济，如沩山灵祐、黄檗希运等，后来都成了一代宗师。

百丈禅师对禅宗的一个巨大贡献就是订立了著名的禅门清规——《百丈清规》，大力倡导"农禅"的生活。

许多佛教徒认为他这样做是犯了"戒律"，但百丈禅师不为所动，仍然以身作则，亲自带领徒弟们下地劳动，并且发誓说要"一日不作，一日不食"。

岁月不饶人，转眼间，百丈禅师就到了两鬓苍苍、颤颤巍巍的风烛残年。虽然体力不支，但他仍然不听众人劝告，坚持下田劳动。

有个僧人灵机一动，想出一个"好"办法。他趁禅师入睡的时候，把他下地劳动的工具偷走藏了起来，心想这下师父就不用再下田了。

百丈禅师醒来后发现工具不见了，又看到徒弟们面有喜色，就知道是他们搞的鬼。虽然他也知道徒弟们这是为他好，但自己订立的规矩和坚守的信条怎么能就此打破？他说："我没什么德行，怎么敢让别人养着我呢？"于是便以绝食抗议徒弟们的关心，"我既然发誓一日不作，一日不食，就该终生遵守。现在我没工具下地干活，违背了誓言，就只好用绝食来谢罪啦。"

徒弟们一看师父要来真格的，慌得不得了，赶紧又把工具偷偷放了回去。

专注于你的工作，投入万分的热情，这样你才不会觉得厌倦。唯有"三天打鱼，两天晒网"的人才会有时间、有精力去烦忧自己的年华即将老去，因为他们的心时刻被空闲占据着。人在闲着的时候最容易胡思乱想，所以要想让自己变得有激情、有梦想，就要让自己忙碌起来。

3.精神愉悦是最好的养生之道

鲁哀公问于孔子曰:"有智者,寿乎?"孔子曰:"然。人有三死而非命也者,人自取之。夫寝处不时,饮食不节,佚劳过度者,疾共杀之;居下位而上忤其君,嗜欲无厌,而求不止者,刑共杀之;少以犯众,弱以侮强,忿怒不量力者,兵共杀之。此三者,非命也,人自取之。"

——《说苑·杂言》

鲁哀公询问孔子说:"有聪明才智的人能长寿吗?"孔子说:"能。人有三种死法与命运无关,是人自己招致的:对住所不注意清洁,对饮食不加节制,逸乐和劳累过度的,疾病就是杀手;处于下位而好冒犯上司,贪得无厌,追名逐利没有休止的,刑律就会来杀害他;以少数抗拒多数,以弱小凌辱强大,不自量力而凭着意愿做事的,兵器就会来杀害他。所以说,人有三种死法与命运无关,是人自己招致的。"

虽然人生中有许多不确定的事,但有一件事是绝对确定的,那就是我们每一个人到最后,终究不免一死。把时间拉长,生死、死生是无尽的轮回,如同昨天、今天、明天的无尽延续,前生、今世、来生也是无始无终的联结,而贯穿无尽时间的是当下。这一刻是生,但对下一刻的生而言,前一刻的生已然是死。

人生的问题很多,但如果给以高度概括,那便不外"生死"二字。人们关心生活,然而,生活只是生的一部分。

大热天,禅院里的花被晒枯萎了。"天哪,快浇点水吧!"小和尚边喊边去提了一桶水来。

"别急!"老和尚说,"现在太阳大,一冷一热,非死不可,等晚上再浇水。"

傍晚,那花已经成了干菜的样子。"不早点浇……"小和尚嘟囔说,"一定已经死透了,怎么浇也活不了了。"但老和尚依然坚持让他浇水。

水浇下去,没多久,已经垂下去的花居然缓了过来,而且看起来生意盎然。

"天哪!"小和尚喊道,"它们可真厉害,憋在那,撑着不死。"

"胡说!"老和尚纠正道,"不是撑着不死,而是好好活着。"

"这有什么不同吗?"小和尚疑惑地问道。

"当然不同。"老和尚拍拍小和尚,"我问你,我今年80多岁了,我是撑着不死,还是好好活着?"听了这话,小和尚一脸的不解。

晚课做完后,老和尚把小和尚叫到面前问:"怎么样?想通了吗?"

"没有。"小和尚低着头。

老和尚敲了小和尚一下。"笨哪!一天到晚怕死的人,是撑着不死;每天都向前看的人,是好好活着。得一天寿命,就要好好过一天。那些活着的时候为了怕死而拜佛烧香,希望死后能成佛的人,绝对成不了佛。如果今生能好好过日子却没好好过,老天何必给人死后更好的日子呢?"

人在35岁之后,多已成家立业,大局基本趋于稳定,生活的一切也开始出现趋于迟缓的迹象,如觉得体力不如20岁时生猛,觉得自己"不行了"。

40岁的男女,为了显示其较为年轻,喜欢在穿着与行动上模仿年轻人,却常"画虎不成反类犬",引起别人的嘲笑。

其实,这是因刻意地回避"老"而产生了恐惧。一是来自于想象的因素,想象自己随着年龄变大,生病的可能性也增大了,随时可能受到痛苦的折磨;二是担心增多,总担心有人会取走自己拥有的东西,担心自己丧失身体上与经济上的自由。

有一个小沙弥名叫心通,他忽然厌倦起了暮鼓晨钟的禅修,认为时光过得太慢,他急切地盼望自己能早日成为一代法师。

有一天,他对道悟禅师说:"我什么时候能像师父一样道行深远、德高望重就好了,那才是令人羡慕的人生境界啊!"

道悟禅师听后,未发表任何意见和看法,只是用手指指天边的一朵白云,对心通说:"你看那朵云多么漂亮!"

心通附和着说:"真的漂亮!"

然后,道悟禅师又指指一盆正在怒放的花说:"你看那盆花,开得多鲜艳啊!"

心通也附和着说:"真鲜艳啊!"

过了几个时辰之后,心通把刚才的事情都忘了,道悟禅师却忽然问他:"刚才那朵漂亮的白云呢?"

"早已飘逝得无影无踪了。"心通看看天边,顺口说道。

又过了不知多少天,当心通把白云、鲜花的事情早已忘到脑后时,道悟禅师又忽然对他说:"你去把我那天指给你的那盆鲜花捧过来,我看看开得怎么样了。"

心通赶紧去找那盆花,可是,那盆花的花期已过,只有发黄的枝叶。

道悟禅师就说:"生命都是过眼云烟啊!"

直到这时,心通才豁然顿悟。

过往已逝,未来未到,这都不是我们可以掌握的,唯有每一个现在,是我们可以把握住的。因此,不必因为终将死亡而变得消极虚无,也不必因为今生的不美满而寄望来世。能否把握"当下",其实就已决定了我们的幸福与悲哀了。

4.保持一颗纯真的心

子曰："诗三百,一言以蔽之,曰'思无邪'。"

——《论语·为政》

《诗经》三百首,一句话就可以概括,那就是纯洁无瑕。无瑕就是无邪,无邪的人没有心机。慧水游鱼,慧田种花,以慧心发慧力,所以能收获智慧果。

"无邪"是人性的完美,孔子是一个"畅情论"者,是一个快乐主义者,他提倡的"无邪"思想是中国人最光辉的人性传统、人道传统与人文传统。

后世嵇康继承与发扬了孔子的"无邪"思想。嵇康说:"任心无邪。"意思就是:"任着我们的心吧!我自会纯洁无邪。"

孔子人生态度的一个重要方面,就是求心安。心若安定了,那外面的风吹雨打都可看作过眼云烟。就其对儒家之"礼"的阐释——"礼与其奢也,宁俭;丧与其易也,宁戚"可以看出,孔子认为礼节仪式与其奢侈烦杂,不如节俭,正如丧礼那样,与其在仪式上准备得隆重而周到,不如在心里沉痛地哀悼死者,因为心中之礼比其外在形式更重要。

求心安,即保持一颗安定、纯净的心,不因外界的打击和诱惑而摇摆不定,不过于狂热地追求心外之物。能够做到这一点并不容易,因为人的心境太容易受到外界的干扰。恶人受丑陋之心的牵引而做坏事,普通人也可能因为执着心、愧疚心等而使自己陷入痛苦,无法自拔。如果人对于外界的事情心有挂碍,并由此生出烦恼心、欢喜心,那么,这颗心就会失去它的本来面目。

有一天，深山里来了两个陌生人。年长者仰头看看山，问路旁的一块石头："石头，这就是世上最高的山吗？"

"大概是的。"石头懒懒地答道。年长者没再说什么，就开始往上爬。

较年轻的那个人则对石头笑了笑，问道："等我回来，你想要我给你带什么？"

石头一愣，看着年轻人，说："如果你真的到了山顶，就把那一时刻你最不想要的东西给我吧。"

年轻人很奇怪，但也没多问，就跟着年长的人往上爬。斗转星移，不知过了多久，年轻人孤独地走下山来。

石头连忙问："你们到山顶了吗？"

"是的。"

"另一个人呢？"

"他，永远不会回来了。"

石头一惊，问："为什么？"

"唉，对于一个登山者来说，一生最大的愿望就是登上世上最高的山峰，然而，一旦他的愿望真的实现了，他也就没有人生目标了。这就好比一匹好马的腿断了，活着与死，已经没有什么区别了。"

"他……"

"他从山崖上跳下去了。"

"那你呢？"

"我本来也要一起跳下去的，但我猛然想起答应过你，把我在山顶上最不想要的东西给你，看来，那就是我的生命。"

"那你就来陪我吧！"

于是，年轻人在路旁搭了个茅草屋，住了下来，人在山旁，日子过得虽然逍遥自在,却如白开水般没有味道。年轻人总爱默默地看着山,在纸上胡乱画着。久而久之,纸上的线条渐渐变得清晰,轮廓也逐渐明朗。后来,年轻人成了一名画家,绘画界赞扬他是一颗耀眼的新星。接着,年轻人又开始写作,不久,他就因他的文章回归自然的清秀隽永而一举成名。

许多年过去了,昔日的年轻人已经成了老人,当他对着石头回想往事的时候,他觉得画画、写作其实没有什么两样。最后,他明白了一个道理:其实,更高的山并不在人的身旁,而在人的心里,心中无我才能超越。

这位老人的境界不可谓不高。确实,更高的山在我们的心里,只有心中无我时,人才能攀越这座高山。人世间最可怕的不是做错事,而是心中动了歪念。倘若内心摇摆不定、狂热偏激,就会产生歪念,进而继续做错事。这时,只有倒空了自己,你才会发现虚无。

一位佛学大师曾说:"心是最有反应、最有感悟的器官。我们看大自然的山川鸟兽、花开花落,我们看人生的生老病死、苦空无常,我们看世间的生往异灭、轮回流转等,都会因心的触动而有喜怒哀乐的表现。"世间的风动幡动,其实都是因为心动罢了。

5.去留随意,喜乐随心

道不行,乘桴浮于海。

——《论语·公冶长》

孔子说："如果大道不能行,那我就乘一叶扁舟到海上去。"道在哪里?道在海上。道在哪里?道在人身上。人走到哪里,道就在哪里。孔子在另一处说"人能弘道",也是这个意思。

孔子说"乘桴浮于海",有两个意思:一是到海上去玩;二是飘洋过海,另寻乐土。

联系上下句,孔子强调的应是第二层意思。"道不行,乘桴浮于海",是说如果我的理想在本国得不到实现,我就到异国他乡去实现。

孔子是鲁人,家乡近海边。山东人飘洋过海的非常多,所以孔子说这话相当自然。

宦海沉浮本就是很平常的事情,这一点孔子很清楚。所以,即使经历了大起大落,他也依然坚守着内心的生活哲学,用微笑迎接每一天。他的微笑来自长期自省、为学、修身的自信和内心深处的平静。

任何得失沉浮都是人生,都是生活的赐予。活了一辈子,却常常因为心中长满了烦恼杂草而愁肠百结,愁眉不展,到头来,丝毫生活的乐趣都没有享受到,这是生命中缺乏自觉与自省所致,不得不说是个遗憾。

乐观者与悲观者在争议三个问题。

第一个问题:希望是什么?

悲观者说:是地平线,就算看得到,也永远走不到那里。

乐观者说:是启明星,能告诉人们曙光就在前方。

第二个问题:风是什么?

悲观者说:是浪的帮凶,能把你埋葬在大海深处。

乐观者说:是帆的伙伴,能把你送到胜利的彼岸。

第三个问题:生命是不是花?

悲观者说:是又怎样,开败了也就没了。

乐观者说:不,它能留下甘甜的果实。

突然,天上传来一个声音,也问了三个问题。

第一个:一直向前走,会怎样?

悲观者说:会碰到坑坑洼洼。

乐观者说:会看到柳暗花明。

第二个:春雨好不好?

悲观者说:不好,野草会因此长得更疯。

乐观者说:好,百花会因此开得更艳。

第三个:如果给你一片荒山,你会怎样?

悲观者说:修一座坟茔。

乐观者说:不! 种满绿树。

乐观者和悲观者对同一个问题却有着截然相反的答案,可见,决定一个人心情的,不是环境,而是心境。

有个哲人曾说:"当你一个人哭的时候,只有你一个人在哭;当你微笑的时候,世界在跟着你笑。"很多人都知道"境由心生"的道理,但他们却常常被外境所困,以至于自己的心也被困在"围城"中。明心见性,看清自己的本心,才能找到症结所在。扫除心中的杂草,剪掉心中的死结,走出禁锢你的"围城",你才能心神通畅。

6.看淡生死，充实过好每一天

季路问事鬼神。子曰："未能事人，焉能事鬼？"曰："敢问死。"曰："未知生，焉知死？"

——《论语·先进》

季路问怎样去侍奉鬼神。孔子说："没能侍奉好人，怎么能侍奉鬼呢？"季路说："请问死是怎么回事？"孔子回答说："还不知道活着的道理，怎么能知道死呢？"

孔子为什么不谈"死"的问题呢？恐怕我们还得先看看《礼记》中的另一段对话："子贡问于孔子曰：'死者有知乎？将无知乎？'子曰：'吾欲言死之有知，将恐孝子顺孙妨生以送死；吾欲言死之无知，将恐不孝之子弃其亲而不葬。赐不欲知死者有知与无知，非今之急，后自知之。'"

这次是子贡来问死的问题，死了以后还有意识吗？这是个终极问题，几乎每个人都会产生这样的疑问和好奇。这次，孔子的回答要比回答子路的内容多很多。但他并没有正面答复，而是分析了一番"有知无知"可能产生的不利后果：如果说人死了之后还有意识，那么孝子们就会忙着去考虑死后的问题，甚至会因此而忽略活着的人；如果说人死了之后没有意识，那么不孝的人很可能就不会去安葬自己的父母。所以，说死后有知和无知，都不太好。孔子最后还说："有没有知，以后你自己自然会知道。"

没有人会死了以后再活过来告诉我们关于"死后是否有知"的问题。

227

所以,这个问题我们问了几千年,仍旧没有答案。在了解死亡的意义之前,我们要先知道该怎么活。

生与死是不会因我们的主观意志而转移的,不管我们是否愿意,总有一个终点在我们前头。

对此,很多人会觉得丧气:出生后就要面对死亡,既然如此,生对我们还有什么意义呢?

鲁迅先生在《野草》中谈到了自己的一个有趣的梦,他梦见自己"正在小学校的讲堂上预备作文,向老师请教立论的方法",随即引出老先生的一个故事:某户人家生了一个男孩,合家十分高兴。满月的时候,抱出来给客人看。一个客人说:"这孩子将来要发财的。"说完,他得到了一番感谢。而另一个客人则说:"这孩子将来是要死的。"结果,他得到了一顿大家合力的痛打。老先生最后说:"说要死的必然,说富贵的说谎。但说谎的得好报,说必然的遭打。你……"鲁迅不解地说:"我愿意既不说谎,也不遭打,那么老师,我得怎么说呢?"老先生说:"那么,你得说:'啊呀! 这孩子呵! 您瞧! 多么……阿唷! 哈哈! '"

为什么那个人被打? 因为人们都是"乐言生、讳言死"的。

正因为人总会死,而且不能复活,所以生对我们来说才会那么重要、宝贵、值得珍惜。人生就是一个从生到死的过程,既然"死亡"这个终点不能改变,我们为什么还要把走向目的的过程弄得那么灰暗呢?

所以,我们必须把握住我们正在体验和经历的一切,把握住生活中的每一个细节,这样,死亡就不再是不可预见的恐怖未来,而是我们生活的参照物。

对于死亡,过度恐惧反而有损身体,明智的态度就是顺其自然,自由自在地生活。只有洞悉了永恒的真理与生命的真相,逐步看淡生死,我们对死亡才不会心存恐惧。

许多长寿名人，对死亡都有着豁达的乐观心态。

著名佛学家、爱国宗教领袖赵朴初对生死看得很透，他在病床上写下了这样的诗句："生固欣然，死亦无憾。"字里行间充满了辩证唯物主义的生死观，展现了他纯情超然的心灵境界。

南京大学111岁的博士生导师郑集专门写有《生死辩》："有生即有死，生死自然律。"这是一个百岁老人对死亡的坦然。

著名作家孙犁晚年自作无题诗："不自修饰不自哀，不信人间有蓬莱。冷暖阴晴随日过，此生只待化尘埃。"表现了他对死亡的超然大度。

想要做到看淡生死、视死如归，并不是一件容易的事。历史上有两种人达到了这种境界，一种是在修行中历尽劫难沧桑，参透生死，对人生已经大彻大悟的人；另一种是胸怀高远大志，心有精神大义而能置生死于度外之人。

周恩来对死亡的态度非常理性，也非常超脱。他认为，死亡是人生的自然法则，有生必有死，有始必有终。一个人应当不怕死。如果打起仗来，要死就死在战场上，同敌人拼到底，中弹身亡，就是死得其所；如果没有战争，就要努力进取，拼命工作，鞠躬尽瘁，死而后已。

1975年9月，在一次外交活动中，话题自然地转到了他的健康上来，周恩来开玩笑地说："马克思的'请帖'，我已经收到了。这没有什么，这是不以人的意志为转移的自然法则。"

周恩来不害怕死亡，不企求生命的重复，他唯愿有限的生命能迸发出最大的光和热。如果把周恩来的人生观归结为一点，那就是"尽心尽力"。周恩来就像一架不断运转的"机器"，将身体和精神之能力发挥到了极致，正如他所崇拜的诸葛亮一样，鞠躬尽瘁，死而后已。他给历史留下的是一个尽职尽责、辛勤劳作的形象。

孔子谓"杀身成仁";孟子曰"舍生取义";司马迁认为"人固有一死，或重于泰山，或轻于鸿毛"。对死亡的态度恰好是对生的态度的反证。惧怕死亡的人往往在生活中患得患失，忧虑重重；而不怕死亡的人则乐观进取，力争在有限的生命中创造出无限的事业。

总之，有生必有死，死亡永远伴随着生，寸步不离。人的生命同世间一切的生物一样，一旦死亡就不可能再重来，如果因此而轻视或浪费生命，那将是不可原谅的错误。在死神召唤之前，我们应充实地过好每一天。

莎士比亚的一段名言足以令人回味："懦夫在未死以前，就已经死过好多次；勇士一生只死一次。在我所听到过的一切怪事之中，人们的贪生怕死是一件最奇怪的事情，因为死本来是一个人免不了的结局，它要来的时候谁也不能叫它不来。"

7.淡然无极,淡而无为

芝兰生于深林,不以无人而不芳;君子修道立德,不为穷困而改节。

——《孔子家语》

淡泊作为人生的一种从容之姿态，是对生命的珍视，对世事的释然。淡泊是一种境界、一种智慧、一门哲学，更是一种即使远到天涯海角也可以随遇而安的状态。它的表现不是听从命运的摆布,而是享受生命中的宁静。

人生在世,多在为生计奔波,追名逐利并斤斤计较之人多过甘于寂寞且淡泊名利之人,但这不代表无淡泊名利之人。"一箪食,一瓢饮,不改其乐"的颜回做到了,"凉簟碧纱厨,一枕清风昼睡馀。睡听晚衙无一事,徐徐,读尽床头几卷书"的苏轼做到了。

淡泊是一种溪水流淌而不择其道的幸福,是一种树任风摆而逍遥自在的幸福,是一种面对人生宠辱坦然处之的幸福。能够拥有淡泊,本身就是一种享受。

一个在美国留学的学生利用节假日的休息时间在华尔街附近的餐厅里做零散的工作,勤工俭学。一天,他满怀信心地对餐厅的大厨说:"你等着看吧,我有一天定会凭借自己的能力打进华尔街。"说完,他满怀希望地看着大厨,似乎在等一个肯定的答案。

大厨抬头看着年轻的留学生好奇地问:"年轻人,你毕业后对人生有什么打算吗?"

留学生很流利地回答:"我希望学业结束后能马上进入一流的跨国企业工作,这样,不但可以拥有丰厚的收入,以后也能有很好的发展。"

大厨摇摇头,不以为然地说:"我想你是没有听明白我的话,我不是问你的前途,而是问你将来的工作兴趣和人生兴趣,是一种自己内心真实的想法。"

留学生听完大厨的话后,一时无语,显得很茫然,他不懂大厨的意思。看着留学生的表情,大厨长叹道:"如果经济再这样继续低迷下去,餐馆生意不景气,不能够维持生活,我就只好去做银行家了。"说完,大厨一脸的惆怅。

大厨的话让留学生目瞪口呆,他怀疑自己的耳朵出了毛病,他不相信眼前这个一身油烟味的厨师会跟华尔街的银行家沾上边。

大厨对还在愣神的留学生解释说："我以前就在你向往的那条华尔街的一家银行上班，每天披星戴月地忙碌，没有一点自己的业余生活。我一直都很喜欢烹饪，喜欢看着大家吃我做的菜而感到满足的样子，那样会使我很开心。有一天，我在写字楼里忙到凌晨1点多才弄完手头的工作，当我啃着令人生厌的汉堡包充饥时，我决定辞职，我不要被这种机器般的生活所束缚，我想选择我热爱的烹饪为职业。事实证明，我的选择是对的，现在，我的生活比以前要愉快百倍。"

只有懂得享受生活的人才会拥有完美的人生。生活追求的是一个过程，而不是死板的结果。人不需要拥有很多财富，也不一定要成就一番伟业，只要你能在简朴平淡的生活中过得快乐而自在，这就是一种上乘的人生境界。淡泊就是一种生活的姿态，它顾自怒放着，以它简单却不平凡的追求。

黄帝做了十九年首领，诏令通行天下。一天，他听说广成子居住在崆峒山上，便特意前往拜见，说："我听说先生已经通晓至道，冒昧地请教至道的精华。我一心想获取天地的灵气，用来帮助五谷生长，养育百姓。我又希望能主宰阴阳，从而使众多生灵遂心地成长。对此，我将怎么办？"

广成子回答说："你所想问的，是万事万物的根本；你所想主宰的，是万事万物的残留。自从你治理天下，天上的云气不等到聚集就下起雨来，地上的草木不等到枯黄就飘落凋零，太阳和月亮的光亮也渐渐地晦暗下来。然而，谄谀的小人心地是那么偏狭和恶劣，又怎么能够谈论大道呢？"

黄帝听了这一席话便退了回来，弃置朝政，筑起清心寂智的静室，铺着洁白的茅草，谢绝交往独居三月，之后再次前往求教。

广成子头朝南地躺着，黄帝则顺着下方，双膝着地匍匐向前，叩头着地行了大礼后问道：“听说先生已经通晓至道，冒昧地请教，修养自身怎么样才能活得长久？”

广成子急速地挺身而起，说：“问得好啊！来，我告诉给你至道。至道的精髓，幽深渺远；至道的至极，晦暗沉寂。什么也不看什么也不听，持守精神保持宁静，形体自然顺应正道。一定要保持宁寂和清静，不要使身形疲累劳苦，不要使精神动荡恍惚，这样就可以长生。眼睛什么也没看见，耳朵什么也没听到，内心什么也不知晓，这样你的精神定能持守你的形体，形体也就能长生。小心谨慎地摒除一切思虑，封闭起对外的一切感官，智巧太盛定然招致败亡。我帮助你达到最光明的境地，直达那阳气的本原；我帮助你进入到幽深渺远的大门，直达那阴气的本原。天和地都各有主宰，阴和阳都各有府藏，谨慎地守护你的身形，万物将会自然地成长。我持守着浑一的大道而又处于阴阳二气调谐的境界，所以我修身至今已经一千二百年，而我的身形还从不曾有过衰老。”

黄帝再次行了大礼叩头至地说：“先生真可说是跟自然混而为一了！”

广成子说的是怎样才能求得道，我们却可以从中体悟到“静”的作用。任何人想要得到幸福，都要保持自己心灵的平静，按住心兵不动。

王维诗云：“人闲桂花落，夜静春山空。月出惊山鸟，时鸣春涧中。”诗中描写的不仅是美丽的自然，也是诗人生命的美。如果一个人在喧闹的都市中仍保持一颗清净无为的心，就能像王维那样体验到生命中蕴含着的花落、月出、鸟鸣的美丽，拥有一个诗意的幸福人生。

从容不动心，能够让你在车马喧闹之中多一分理性，在名利劳形之中多一分清醒，在奔波挣扎之中多一分尊严，在困顿坎坷之中多一分主动。中国有一句俗语，“药补不如食补，食补不如神补”。此间的意思不言而喻，不好的心境能误君性命，而淡定祥和的内心、平和安然的心态才是我们一直寻找的长寿秘诀。

无论生活交给我们的担子多么繁杂沉重,我们都应该在这个喧嚣的尘世中找到一份不可多得的恬静,给自己的心灵一点安慰,让自己属于自己,让自己做回自己。

8.正向思考是一种强大的力量

厩焚。子退朝,曰:"伤人乎?"不问马。

——《论语·乡党》

马棚失火烧掉了。孔子退朝回来,说:"伤到人了吗?"不问马的情况怎么样。

一帆风顺的人生少之又少,我们时常会面对人生的起伏跌宕,挫折、烦恼、伤害、磨难也许会毫无预兆地闯进我们的生活,使人生变得不再美好、顺畅,甚至一度变得灰暗、毫无生气。但是,只要我们积极调动自己的思想,发挥正向思考的作用,就能驱走一切阴霾,拥有快乐、美好的人生。

一天,美国前总统罗斯福的家中失窃,损失了很多钱财。一位朋友得到消息后立刻给罗斯福写了一封信,希望可以安慰他一下。不久,这位朋友就收到了罗斯福的回信,信中写道:

"亲爱的朋友,非常感谢你来信安慰我,我现在很平安,请你放心,而且我还要感谢上帝：首先，小偷偷去的是我的东西，但是没有伤害到我的生命；其次，小偷只偷去了我家的一部分东西，而不是所有；再次，最让我值得高兴的是，做小偷的是他，而不是我。"

这是一个广为流传的故事，罗斯福所列举出的三条感谢上帝的理由，充分显示了他作为正向思考者的特质。这种特质也成为了他深受美国民众和世界人民尊敬的原因之一。

可以说，善于正向思考的人更容易获得上天的垂青，因为这些正向思考者身上有着一种独一无二的魅力，能够吸引美好事物的到来。因此，了解并认识正向思考者所具备的特质，并将其与自身相结合，也是一个剖析自我、认识自我并间接完善自我的过程。

正向思考是一种强大的力量，它不仅能够让我们的心智变得坚定、积极，而且能直接作用于我们的身体，使我们获得心灵、身体的双重支持。

经科学家研究证明，正向思考的神经系统所分泌的神经传导物质具有促进细胞生长发育的作用。因为人体的神经系统与免疫系统相互关联，所以在人们展开正向思考时，身体的免疫细胞也会同样变得活跃起来，并继续分化出更多的免疫细胞，使人体的免疫力增强。所以，一个积极面对生活，对身边发生的一切经常采取正面思考的人，更不容易生病，也更容易获得长寿、健康。

另外，研究学者寇菲也指出：人们在挫折面前，有超过九成的人会有退缩、攻击、固执、压抑等反应，而善于运用正向思考的人会有这些反应的比率则低于一成。

美国心理学家马丁·塞利格曼曾对修女做过一项关于快乐和长寿的研究。被纳入研究范围的180位修女几乎都过着有规律的与世隔绝的生活，不喝酒也不抽烟，几乎吃着同样的食物，都有相似的婚姻和生育历史，都没有被传染过性病，社会地位以及享受到的医疗照顾基本相同，但这些修女的寿命和健康状况差别却很大。其中，有人年纪接近百岁仍然身体健康，而有人则在年过半百时就患病而终。

后来，塞利格曼发现，那些寿命较长的修女总是拥有着快乐、积极的生活态度。一位98岁的修女曾在她的自传中写道："上帝赐给我无价的美德使我起步容易。过去一年在圣母修道院的日子非常愉快，我很开心地期待正式成为修道院的一员，开始与慈爱天主结合的新生活。"

这位修女的健康与长寿很大程度上得益于她乐观的心态。

可见，正向思考带给我们的力量是由心至身的，也是巨大的、不可替代的。它能带给我们无限向上的力量，让我们即使面对逆境也能保持乐观、积极的心态，不会因为遭遇困难而怨天尤人、一蹶不振，更不会郁闷成疾，它是可以由我们自行制造的健康保护伞、心理调节器。

一个女孩不小心丢失了一条非常心爱的项链，因此，她的心情一直很低落，长达两个星期茶不思、饭不想，还生了一场大病。后来，一个神父前去看望她，并问她："假如哪天你不小心丢失了十万元钱，你会不吸取教训而再丢失另外二十万元吗？"

女孩毫不犹豫地回答："当然不会。"

神父接着问道："但是，你为什么要在丢掉一条项链之后，还要丢掉两个星期的快乐，甚至还因此大病了一场，丢掉自己的健康呢？"

听了神父的话，女孩恍然大悟，一下子跳下床，说："是啊，我为什么还要主动丢掉那么多属于自己的东西呢？从现在开始，我拒绝再损失下去。现在，我要想办法再赚回一条项链。"

女孩因为一条项链而丢掉了快乐、丢失了健康，是因为她埋没了正向思考的力量。消极的思考只会加速美好事物的损失,而唯有正向的、积极的思考才具有吸引美好事物的独特力量。

也许,人生中的困难带给你的并不仅仅是丢掉一条项链那样简单的悲伤,有时甚至会压得你喘不过气,但是请记住,不论你失去了什么,你都不会失去它——可以正向思考的思维。只要你积极调动它,它就能为你驱赶一切负面因素,帮助你抵达快乐、成功的彼岸。

善于正向思考的人都有着几乎相同的人格特质,对于人生的态度也惊人的相似,这让他们拥有了把握精彩人生的巨大力量,使他们时刻心怀感恩,积极向上,为自己的生命而歌。正如霍金所说:"我的大脑还能思维,我有终生追求的理想,有我爱和爱我的亲人和朋友,对了,我还有一颗感恩的心……"这无疑就是那些正向思考者始终在心中哼唱着的歌谣。